Gerhard Sennlaub

Rische, rasche, Plaudertasche

Gerhard Sennlaub

Rische, rasche, Plaudertasche

Kinder auf das Lesen- und
Schreibenlernen vorbereiten

HERDER

FREIBURG · BASEL · WIEN

Zum Autor

Gerhard Sennlaub ist weithin bekannt als pädagogischer Fachautor,
u. a. zur sprachlichen Frühförderung und zur Sprachdidaktik.
Er verfügt über vielfältige praktische Erfahrungen in der Ausbildung
von Erzieherinnen, war Schulamtsdirektor, viele Jahre Grundschullehrer
und höchst erfolgreicher Schulbuchautor.

Bei einigen Texten war es trotz intensiver Recherche nicht möglich,
den Rechtsträger ausfindig zu machen.
Für Hinweise sind Autor und Verlag dankbar.

© Verlag Herder GmbH, Freiburg im Breisgau 2009
Alle Rechte vorbehalten
www.herder.de

Umschlaggestaltung: RSRDesign Reckels & Schneider-Reckels, Wiesbaden
Umschlag- und Textillustrationen: Sabine Tiemer, Teltow
Layout, Satz und Gestaltung: RSRDesign Reckels & Schneider-Reckels, Wiesbaden
Druck und Bindung: fgb · freiburger grafische betriebe
www.fgb.de

Gedruckt auf umweltfreundlichem, chlorfrei gebleichtem Papier
Printed in Germany

ISBN 978-3-451-32265-5

Inhalt

Was Sie vorher wissen sollten

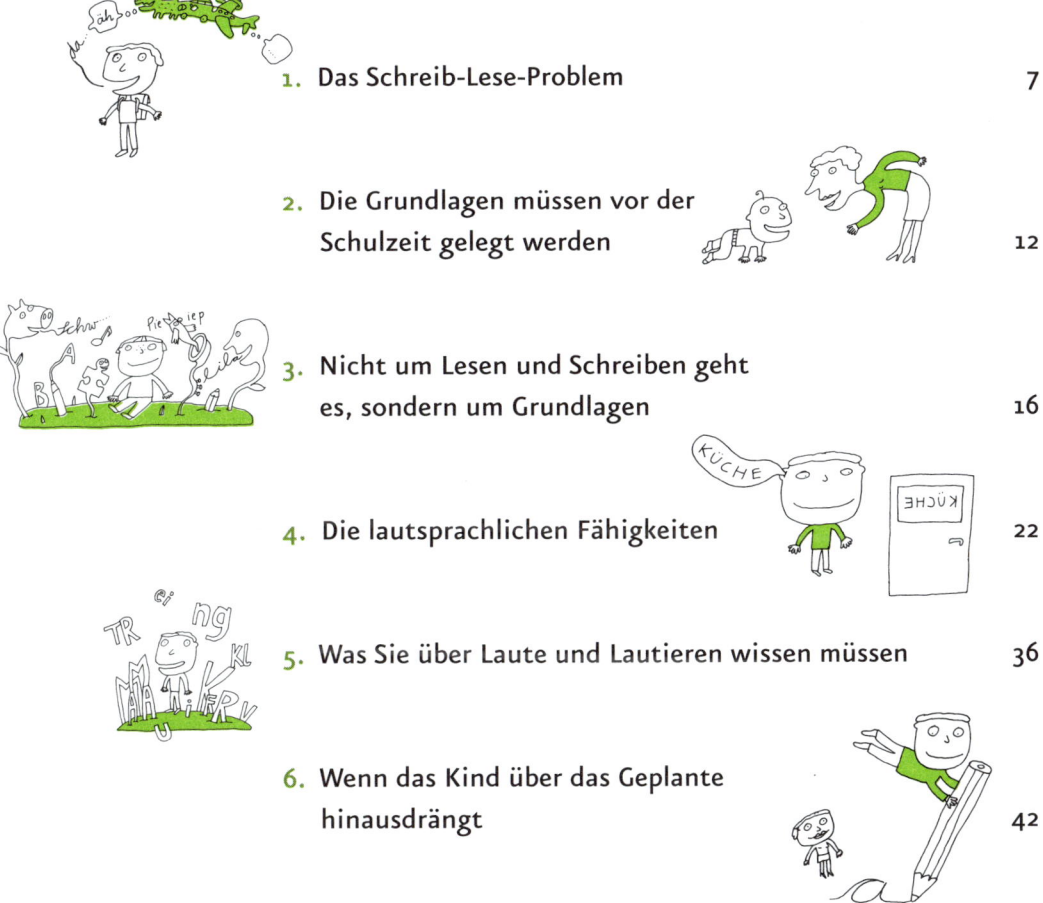

1. Das Schreib-Lese-Problem   7

2. Die Grundlagen müssen vor der Schulzeit gelegt werden   12

3. Nicht um Lesen und Schreiben geht es, sondern um Grundlagen   16

4. Die lautsprachlichen Fähigkeiten   22

5. Was Sie über Laute und Lautieren wissen müssen   36

6. Wenn das Kind über das Geplante hinausdrängt   42

Was Sie sonst noch tun können

Wichtiges vorab   47

1. Hören und Sprechen: Wörter, Silben und Sätze   48

2. Gedichte zum Mitsprechen   56

3. Zum Mitdenken und Mitsprechen   62

4. Gedichte zu Lauten und zum Lesen & Schreiben   66

5. Mitsprechen, Mitsingen, Mitmachen   70

6. Zungentraining   76

7. Laute bewusst hören und sprechen   81

8. Spiele in der Gruppe und zum Kindergeburtstag   87

Anmerkungen   93

Literatur   94

Was Sie vorher wissen sollten

1. Das Schreib-Lese-Problem

Sie beherrschen ihre eigene Sprache nicht

Wenn Paul in die Schule kommt, wird es in der Klasse große Unterschiede nach Herkunft, Vorwissen und Leistungsfähigkeit geben. Das war schon immer so. Diese Unterschiede sind in der Grundschule so normal wie im Kindergarten, und die Pädagoginnen und Pädagogen beider Stufen können damit besser umgehen als ihre Kollegen auf allen anderen Stufen unseres Bildungswesens.

Vielleicht kommt Paul mit dreißig anderen Kindern in eine Klasse. Auch das war schon immer so.

Neu aber könnte dies sein: Einige Kinder in dieser Klasse werden die eigene Sprache nicht beherrschen.

Nicht Lehrer- und Elternverbände schlagen Alarm. Da könnte man noch meinen, die übertrieben. Sondern die Regierungen unserer Bundesländer selbst sagen es. Und die neigen ja nicht dazu, Probleme, für die sie zuständig sind, aufzubauschen.

Drei Beispiele von zig möglichen aus dem Jahre 2008, davon eines aus dem deutschsprachigen Ausland:

Baden-Württemberg: Jedes vierte Kind leidet bei der Einschulung an einer „verzögerten Sprachentwicklung".

Nordrhein-Westfalen: Die im ganzen Land durchgeführten „Sprachstandsfeststellungen" vor der Schulzeit ergaben: Zehntausende Kinder können ihre Sprache nicht richtig. Genaues weiß man noch nicht, weil man erst die Nicht-Kindergarten-Kinder irgendwie in eine Überprüfung einbeziehen muss.

Österreich: Laut „15a-Vereinbarung" soll es Sprachtests für mangelhaft Deutsch sprechende Kinder im Vorschulalter geben. Die Kindergarteninspektoren der Länder wissen allerdings noch nicht, was geschehen soll. (*Die Presse* aus Wien: „Der große Murks", Print-Ausgabe, 04.01.2008)

Sprachstandserhebungen lassen auch die meisten anderen deutschen Bundesländer veranstalten – jedenfalls bei Kindern, auf die sie in Vorschuleinrichtungen Zugriff haben. Was sich danach ändert, ist noch nicht abzusehen.

Glauben Sie bloß nicht, es handle sich ausschließlich um Kinder mit dem viel zitierten „Migrationshintergrund". Gerade auch bei Kindern, deren Familiensprache Deutsch ist, weiten sich die sprachlichen Defizite immer mehr aus.

Wie sollen sie da Lesen und Schreiben lernen?

„Die Kinder sollen einigermaßen richtig sprechen, bevor sie mit dem Lesenlernen beginnen", schrieb in den dreißiger Jahren des letzten Jahrhunderts *Johannes Wittmann*.[1] Sie könnten schließlich nicht lernen, eine Sprache zu schreiben und zu lesen, die sie nicht richtig sprechen können. Er dachte bei seiner Mahnung damals vornehmlich an jene Kinder, die nur ihre Mundart sprachen. Heute sind es Zigtausende, die außer ihrer für Außenstehende schwer verständlichen Umgangssprache überhaupt keine allgemein verständliche Sprache sprechen. Die müssen nun in einem Gewaltakt unsere Sprache sprechen, lesen und schreiben lernen. Und Englisch lernen sollen sie nebenher auch noch …

An dieser gewaltigen Aufgabe arbeiten sich Lehrerinnen der Grundschule unter oft unzumutbaren Bedingungen ab. Bei uns dürfen 30 Schulneulinge in eine Klasse gepackt werden, in manchen Bundesländern sind es sogar noch mehr. Selbst wenn die Mehrzahl der Kinder aus Elternhäusern nichtdeutscher Muttersprache kommt, wird der Lehrerin die unbedingt nötige Hilfskraft versagt sein: 30 sind immer 30 und 25 immer 25 – egal, wie groß die Probleme sind. Gelegentlich erhält eine besonders bedrängte Schule ein paar Stellenbruchteile mehr zugeteilt – eine in ihrer Minuten zählenden Knauserigkeit geradezu peinliche Maßnahme.

Trifft eine solche Hilfeverweigerung eine Anfangsklasse, wird die zuständige Lehrerin einen großen Teil Ihrer Zeit und Kraft für die Benachteiligten verbrauchen müssen – und ein dauerhafter Erfolg wird dennoch zweifelhaft sein. Natürlich fehlt ihr dadurch auch noch die Zeit für die weniger Benachteiligten.
Das kann nicht gut gehen.
Und es geht nicht gut.

Beide IGLU-Studien und alle aktuellen Forschungsergebnisse bestätigen für Deutschland: Am Ende der Grundschulzeit können zwar fast alle Kinder technisch lesen. Aber sobald es etwas anspruchs-voller wird, verstehen viele von ihnen nicht, was sie lesen. Anders gesagt: Die Kinder können nicht lesen. Man kann schließlich nicht von Lesenkönnen sprechen, wenn ein Mensch das Gelesene nicht versteht.[2] Man mag es gar nicht glauben und möchte die Korrekt-heit solcher Erhebungen anzweifeln.

Die neueste IGLU-Studie, im Dezember 2008 veröffentlicht, zeigt Besserungen in der Leseleistung unserer Viertklässler. International sind „wir" mit der Leseleistung unserer Viertklässler jetzt auf Platz 15 vorgerückt (15 von 35). Abgehängt von Russland, Kanada, Hong-kong, Luxemburg, Italien und anderen. Erstaunlich, dass es Men-schen gibt, die sich dafür auf die Schulter klopfen.

Die Autoren der Studie geben dazu keinen Anlass. Sie stellen ohne Schonung fest: Es gebe zu wenige sehr gute Leser, kaum mehr als jedes zehnte Kind; „dies ist unbefriedigend." Und es gebe zu viele schlechte Leser. Die Rückstände seien „nicht hinnehmbar", es be-stehe „dringender Handlungsbedarf". Dieser Bedarf wurde schon in der Vorgängerstudie festgestellt, veröffentlicht 2004.

Für die Kinder, Enkel und Urenkel von Einwanderern verlangen die Forscher auch diesmal wieder eine „gezielte Förderung", für Kinder „aus bildungsfernen Milieus" „Maßnahmen zur Förderung".[3]

Und die anderen? Was ist mit der breiten Mitte? Die Diskussion konzentriert sich auf die Gruppe der leistungsstärksten und die der leistungsschwachen Kinder. Von den einen gebe es zu wenig, von den anderen zu viele. Schlimm genug. Aber die Masse derer, deren Lesevermögen man mit „na ja, es geht so" beurteilen möchte, gerät dabei gar nicht in den Blick. Leisten die denn, was sie leisten könnten? Wie viele von denen, die da in der Mittelgruppe dümpeln, haben das Zeug, viel bessere Leistungen zu erbringen, wenn sie nur die nötige Förderung (gehabt) hätten? *Ob ein Kind hinter seinen Möglichkeiten zurückbleibt*, ist verständlicherweise nicht das Thema solcher Untersuchungen.

Dies ist das weitaus schlimmste Urteil von PISA, IGLU und anderen: Der zentrale Mangel ist die geringe Lesefähigkeit vieler Kinder. Ausgerechnet das Lesen, Basis aller Schulleistungen, ist auch die Schwachstelle unseres Bildungssystems geworden. Wo es mit Lesen und Schreiben nicht klappt, können wir Bildung vergessen.

Vielen Kindern fehlt die Grundlage

Was fehlt denn diesen Kindern, dass es beim Lesen hapert? In der Antwort sind sich alle Fachleute einig: Die Sprachkenntnisse der Kinder sind mangelhaft, ihre Sprecherfahrungen gering. Sie können nicht deutlich artikulieren. Sprechen ein falsches Deutsch, sprechen vielleicht sogar nur ein „Kauderwelsch-Deutsch". Verfügen nur über einen Mini-Wortschatz. Reden nicht in Sätzen. Besonders an den lautsprachlichen Grundfertigkeiten mangelt es ihnen. Sie hören nur den Klangbrei ganzer Sätze, nicht einzelne Wörter und erst recht nicht einzelne Laute darin. Hören nicht, wenn Wörter sich reimen. Können sich nicht im Sprachrhythmus bewegen. Können zum Sprechen nicht klatschen und beim Singen den Rhythmus nicht einhalten. Haben kein Sprachgefühl.[4] Will man die Gesamtheit dieser Erscheinungen „sprachentwicklungsgestört" nennen, so sind sie sprachentwicklungsgestört. Nehmen wir nun noch Stotterer, Stammler, Polterer und Lispler hinzu, ist die Mängelliste fast komplett.

Auf dieser brüchigen Grundlage müssen viele das Lesen lernen. Es ist wie bei einem auf Geröll gebauten Haus. Das Haus steht. Aber nur die ganz Armen halten es für bewohnbar. PISA- und IGLU-Untersuchungen haben es an den Tag gebracht.

Schon lange gibt es die Probleme. Ulrich Bleidick, der führende Fachmann der damaligen Lernbehindertenschule, stellte 1966[5] eine Mängelliste zusammen: Wortschatzarmut, mangelnde akustisch-sprachliche Merkfähigkeit, keine Fähigkeit, ähnlich klingende Laute zu unterscheiden, Lautbildungsschwierigkeiten, Artikulationsungenauigkeiten („Elektrizität", „zwischen" ...) u.a.m.

Die Bleidicksche Liste ist unverändert aktuell. Das Neue aber ist: Sie betrifft jetzt nicht vornehmlich „Lernbehinderte" wie Mitte des vorigen Jahrhunderts, sondern Zehntausende Kinder unserer Regelschulen. Wenn unsere Zeitungen das richtig berichten, werden in Deutschland Jahr für Jahr rund hunderttausend Kinder mit Defiziten eingeschult.

Nie sind es alle diese Mängel bei einem einzigen Kind. Aber es ist schlimm genug, wenn es einige sind. Schon ein einziges in einer Klasse kann das Lernen aller anderen stark behindern.

2. Die Grundlagen müssen vor der Schulzeit gelegt werden

In der Schule ist es meistens zu spät

Kinder, die derart benachteiligt in die Schule kommen, können in aller Regel nicht mehr fließend Lesen und fehlerfrei Schreiben lernen. Auch eine besonders engagierte Lehrerin kann einem solchen Kind nicht helfen, sich diese beiden hoch komplizierten Kulturtechniken anzueignen, wenn es die Grundlagen dafür nicht hat.

Die Katastrophe wird nicht in der Grundschule verursacht. Die beißt sich nur die Zähne aus an Problemen, die in den Jahren vor ihrer Zeit entstanden sind.

Verhindern kann sie die Katastrophe aber dennoch nicht. In den meisten Fällen jedenfalls ist da wenig mehr gutzumachen; alle Hoffnung, die Defizite vor der Schulzeit könnten sich im Laufe der Jahre „auswachsen", trügt. Stattdessen wird das Verderben „zementiert"[6]. Wer im ersten Schuljahr die Grundlagen nicht hat, bleibt meist ein „schlechter Schüler",[7] und daraus erwächst sehr oft eine lebenslange Benachteiligung.

Deutschlands wohl bekanntester Hirnforscher Manfred Spitzer verweist auf eine alte Volksweisheit: „Was Hänschen nicht lernt, lernt Hans nimmermehr" sei „in neurobiologischer Hinsicht … längst eingeholt und auf vielfache Weise bestätigt"[8].

Rudolf Kretschmann, Hochschullehrer im Fachbereich Bildungs- und Erziehungswissenschaften an der Universität Bremen, zieht als ein Fazit seiner mehrjährigen Untersuchungen, dass „Lernrückstände … zu weiteren Rückständen führen, wenn das Kind keine professionelle Hilfe erfährt."[9]

Die Zahl der Befunde lässt sich noch viel weiter ausführen. Sie alle können mit einem Untertitel aus Helmut Breuers und Maria Weuffens Buch zusammengefasst werden: „Lernerfolge sind für den ABC-Schützen Lebenserfolge."[10]

Wer kann vor der Schulzeit helfen?

Wenn die Schule die Bergab-Karrieren in vielen Fällen nicht mehr verhindern kann – wer dann? Die Chance von Eltern und Erzieherinnen ist es, dafür zu sorgen, dass solche Rückstände gar nicht erst entstehen – soweit das möglich ist. Sie müssen also in *der* Zeit arbeiten, da die Voraussetzungen fürs Lesenlernen geprägt werden. Wo die Kinder die Grundlagen erwerben müssen.

„Gezielte Sprachförderung im Vorschulalter", so schlagen es auch die IGLU-Forscher vor, ist Sache der Eltern und des Kindergartens. Hier sind gerade auch die lautsprachlichen Grundfertigkeiten so zu entwickeln, wie das zu „Urgroßmutters Zeiten" oftmals selbstverständlich war: indem Eltern mit ihren Kindern reden, reden, reden. Kinderlieder singen. Lustvoll mit den Kleinen die alten Verse sprechen. Bilderbücher vorlesen. Und wo vor allem die Kinder miteinander reden, reden, reden.

Sprachliche Grundförderung können Elternhaus und Kindergarten im Zweifel besser leisten als die Schule. Nicht nur, dass beide die Kinder in einer Zeit haben, da „entscheidende Phasen der kindlichen Sprachentwicklung noch nicht abgeschlossen sind".[11] Bei beiden ist auch eher die Gewähr für das Spielerisch-Lustvolle ohne Konkurrenz und Leistungsdruck gegeben. Vor allem: Beide sind nicht dem auf der Schule lastenden Zeitdruck ausgesetzt, der in kurzer Zeit aus den Langsamen „die Schlechten" zu machen droht. So ist Rose Göttes Einschätzung seit Jahrzehnten unverändert gültig: „Der Kindergarten bzw. die Vorklasse hat bessere Möglichkeiten, Sprachförderung zu betreiben, als die Schule in einem vergleichbaren Zeitraum."[12] Entsprechend klar heißt es heute im brandenburgischen Bildungsprogramm von 2004: „Das Fundament zum Schreiben- und Lesenlernen legt bereits der Kindergarten."[13]

Erste Instanz sind Mütter und Väter

Erste Instanz sind die Eltern. Wer sonst? Sagt man eine solche Selbstverständlichkeit, hagelt es sogleich Proteste von vielen Seiten, besonders, weil der Verdacht geäußert wird, in unsere derzeitigen gesellschaftspolitischen Diskussionsfeuer werde Benzin gegossen. Das muss man wohl hinnehmen.
Die Autoren der IGLU-Studien nehmen es hin, weil sie vor diesem Kernproblem nicht kneifen wollen: „Darüber hinaus ist zu überlegen, wie Elternhäuser schon vor der Einschulung einbezogen werden könnten."[14]

Erste Instanz sind Eltern erst recht, wenn es einen Kindergarten in erreichbarer Nähe nicht gibt. Jedes zehnte Kind in Deutschland hat vor der Einschulung niemals eine solche Einrichtung von innen gesehen. Noch viel mehr kamen viel zu spät in den Genuss eines Besuchs.
Und was ist, wenn das Kind in einem mit Problemen überladenen Bezirk lebt, sodass im Kindergarten einfach nicht genug Zeit und Gelegenheit ist, mit allen an ihren Rückständen zu arbeiten? Wenn

das Kind beim Sprechen mit anderen deren Kauderwelsch nicht weniger aufnimmt als das vorbildliche Sprechen der Pädagogin? Oder wenn gar spät erkannte Rückstände eine intensivere Förderung nötig machen, als sie bei gelegentlichen Maßnahmen in der zu großen Gruppe möglich ist? Und was, wenn die Kolleginnen in der alten Furcht verharren, Kindern mit „Verschulung" zu schaden? Oder wenn der Träger sich das Recht herausnimmt, die Kolleginnen zu behindern?

In allen diesen Fällen haben Eltern, wenn sie bei ihrem Kind brüchige Grundlagen wahrnehmen, vernünftigerweise keine andere Wahl, als ihm selber zu helfen. Elternhäuser, sagen die IGLU-Forscher, sollten schon „vor der Einschulung der Kinder erreicht werden" (IGLU 2006/2008). Immer sind Eltern die erste Instanz.

Zweite Instanz ist der Kindergarten

Als „idealer Förderort"[15] sei der Kindergarten anzusehen, sagen alle Fachleute übereinstimmend – „am besten", meinen Heidrun Bründel und Klaus Hurrelmann, „im dritten Jahr des Kindergartenbesuchs"[16]. So argumentiert auch Wilfried Bos, der Leiter des deutschen Teils der IGLU-Studie: „Man sollte schon überlegen, ob man im Kindergarten mit einer ersten Alphabetisierung beginnt."[17]

Sprachliche Förderung ist seit jeher[18] ein Kernbereich der Bildungsarbeit in Kindergärten. In der Bundesrepublik galt ebenso wie in der ehemaligen DDR: „Die Sprechorgane der Kinder müssen durch spezielle Spiele und Übungen (Sprechspiele) trainiert werden."[19] Und eben dies geschieht ja auch heute wie damals allerorten.

Nun aber zwingen die teilweise gewaltigen sprachlichen Defizite bei vielen Kindern dazu, diese Förderung zu intensivieren: gezielter, konsequenter und aufwändiger als bisher allgemeine Lautbewusstheit entwickeln, Sprachgefühl fördern, Sprachkenntnisse vermitteln und das intuitive Erkennen des sprachlich Richtigen und Angemessenen anbahnen.

3. Nicht um Lesen und Schreiben geht es, sondern um deren Grundlagen

Erst muss der Nährboden da sein

Ehe einzelne Maßnahmen dargestellt werden, müssen zwei grundsätzliche Missverständnisse angesprochen werden.

Das erste: Es geht beim Lesenlernen nicht einfach nur darum, Buchstaben kennen zu lernen und Laute aneinanderzufügen. Vielmehr sind Lesen und Schreiben Teil des großen Bereichs Sprachwahrnehmung, und dem insgesamt gehört unsere Aufmerksamkeit: Klänge voneinander unterscheiden, schwierig klingende Wörter hören, gut sprechen, schwierige Wörter auch nachsprechen können, Geschriebenes und Gemaltes gut wahrnehmen; über Rhythmusgefühl verfügen, singen können und den Takt dabei einhalten, ähnliche Laute voneinander unterscheiden können.

Das ist der Nährboden, auf dem Lesen und Schreiben wachsen. Es genügt also nicht, mit Kindern „Buchstaben zu lernen", wenn es den Humus nicht gibt.

Zum Glück kann dieser Nährboden überwiegend „wie von selbst" wachsen, wenn Kinder kindgemäß aufwachsen. Er muss nicht von Ihnen mühsam geschaffen werden. Er erfordert von Ihnen keinerlei Fachkenntnisse – „nur" Zeit – oft nicht einmal das.

Sie tun sogar viel für die dem Lesen- und Schreibenlernen förderliche Atmosphäre und für ein fruchtbares Milieu, wenn Sie Ihr Kind und seine Freunde spielen lassen: mit Puzzles, Puppen und Plüschtieren, mit Domino- und Lego-Steinen und mit Würfeln, mit Memory® und Baukästen. Ein Kind fördert sich selbst, wenn es sich aktiv mit seiner Umwelt auseinandersetzt: malend, zeichnend, bastelnd, wenn es ausschneidet, klebt, knetet, Perlen fädelt, Knöpfe sammelt.

Auch dies bestätigte Adolf Kossakowskis große Lese-Untersuchung: „Von großer Bedeutung für die Differenzierung der nervalen Systeme ist die tätige Auseinandersetzung des Kindes mit seiner Umwelt."[20]

Der wichtigste Teil des Nährbodens

sind natürlich Sprache und Sprechen selbst. Auch hierfür brauchen Sie keinen Plan und keine Erfolgskontrollen. Unterhalten Sie sich mit dem Kind! Reden Sie, reden, reden! Dazu muss man sich nicht in eine bestimmte Situation begeben. Miteinander reden kann man im Alltag ganz nebenbei.

Um das Sprachgefühl zu entwickeln, Sprachkenntnisse zu erweitern, Sprecherfahrungen zu sammeln, den Wortschatz zu vergrößern und grobe Sprachfehler nach und nach abzulegen, brauchen Kinder ganz allgemein fortwährenden Umgang mit Sprache.

Vorlesen ist durch nichts zu ersetzen. Aber es erfordert Zeit. Dennoch: Wenn sonst Ihr Alltag kaum Zeit lässt – vor dem Schlafen sollten Sie sich die am Kinderbett nehmen.

Bilderbücher zu besitzen ist natürlich sehr gut. Aber man kann sie auch leihen. Jede öffentliche Bücherei verramscht sogar einmal jährlich die auszusortierenden Bücher kiloweise: ein Kilo ein Euro. Selbst zu diesen Bedingungen finden nicht alle einen Abnehmer.

Von Bilderbüchern kennen Kinder oft ganze Passagen auswendig, wollen die immer wieder hören, und sie protestieren, wenn Sie beim Vorlesen Kleinigkeiten ändern. Was sie hier an Artikulation, Wortschatz, Satzbildung, Sprachrhythmus und Sprachmelodie gewinnen, kann kein Förderprogramm leisten.

Auch Gedichte, schön gelesen (ein dreifaches „Pfui!“ dem berüchtigten „Schulleseton“!), sind ein Höhepunkt manches Tages. Hier wird ohne große Anstrengung der Boden bereitet, den Ulrich Bleidick schon Mitte des vorigen Jahrhunderts beschrieb: Wortschatz erweitern, Sprachgedächtnis üben, vernünftige Sätze kennen lernen.

Singen Sie mit Ihrem Kind! Sie „können nicht singen“? Tun Sie's trotzdem! Da „werden sprachliche Äußerungen mit musikalischen Elementen verbunden, prägen sich ein und erweitern die Sprachbeherrschung.“[21] Da wächst nicht nur das Gefühl für Klang und Rhythmus. Bei Vorschulkindern ist die linke Hirnhälfte noch nicht so sehr für Sprachliches spezialisiert, wie das nach der Pubertät sein wird. Beim Singen werden *beide* Hirnhälften aktiviert. Der Satz: *Singen ist „in Musik gefasste Sprache“* erhält hier eine besondere Bedeutung.

Und, ganz wichtig: Korrigieren Sie das kindliche Sprechen nur, wenn es sein muss, weil sich eine falsche Artikulation zu verfestigen droht. Aber nur dann! Und nicht fortwährend. Grundsätzlich lernt ein Kind durch Zuhören und Nachahmen, nicht durch Belehren und Berichtigen.

Wenn Erwachsene und Kinder oft miteinander sprechen, wenn erzählt, gesungen und vorgelesen wird, können wir uns fast alle unsere raffinierten Sprachförderprogramme sparen. Dann verhält es sich mit denen wie mit der Ernährung der Kleinen: Lieber mit selbstgeknetetem Möhrenbrei füttern als mit einem von Wissenschaftlern komponierten Fertig-Brei.

Letztlich geht es stets darum, dass ein Kind seine Kindheit in vollen Zügen auslebt. Zur kindgerechten Kindheit gehört, sich Sprache lustvoll anzueignen.

Lesen kann man nicht lehren

Das zweite Missverständnis: In der Regel lernen wir nicht einfach durch Belehrung. Mindestens in der Generation der Alten meinen die meisten von uns zu wissen, in der Schule gelernt zu haben, weil sie gelehrt wurden. Aber so war das nicht.

Das war schon deshalb nicht so, weil eine Art Predigtpädagogik vorherrschte: Einer redete, viele hörten zu oder taten so, als ob. Aber nur eine Minderheit unter uns Menschen kann überhaupt am besten durch Zuhören lernen.[22] Die meisten von uns nutzen diesen „Eingangskanal" nur unter anderen; im Übrigen bevorzugen wir andere Kanäle der sinnlichen Wahrnehmung in unterschiedlichen Verbindungen.

Dass wir dennoch gelernt haben, hat einen ganz einfachen Grund: Wir haben *trotz* der Belehrung durch Worte, trotz des Zuhörzwangs, gelernt. Warum? Weil wir uns oft die unserer Lernart entsprechenden Wege abseits der vorgeschriebenen Lernstraße gebahnt haben.

Wer sagt, er wisse, wie sein Kind lernt, sagt mit großer Wahrscheinlichkeit etwas Falsches. Wer sagt, die Art des Lernens sei bei jedem Menschen ein bisschen oder viel anders, hat mit Sicherheit Recht. Ist das aber so, *behindern* wir Lernen, wenn wir nicht zulassen, dass Kinder den ihnen gemäßen Weg finden. Und das heißt: Wir müssen sie finden *lassen*. Und wie? Indem wir sie tun lassen.

Auch Sie tun sicherlich gut daran, Belehrung gar nicht erst zu versuchen. Wir können sie nur anregen, ihre je eigenen Wege zu finden. Verlocken können wir sie, anstacheln, ermutigen. Sie Erfolge erleben lassen. Loben. Ihnen Hindernisse aus dem Weg räumen. Das können wir. Und das ist eminent wichtig. Lernen aber, gerade auch Lesenlernen, läuft in jedem Kopf auf seine je eigene Weise ab. Das Motto heißt also: Zum Lernen verlocken, nicht Lernen lehren.

Und noch etwas: Belehren wirkt auf Kinder leicht penetrant. Es geht ja auch meist mit unnötig viel Reden einher. Viele Kinder reagieren mit Abwehr darauf. Niemand kann da mehr Fingerspitzengefühl aufbringen als Sie, die Sie Ihr Kind und seine Gefährten kennen.

Selbstversuche ohne Fachkenntnisse sind gefährlich

Wäre es denn denkbar, Kinder im Vorschulalter ohne Fachkenntnisse Lesen zu lehren, wenn die bisher beschriebene allgemeine Grundlage liegt?

Natürlich ist das möglich. Viele Antreiber der Frühlesebewegung in den siebziger Jahren,[23] die keinerlei praktische Erfahrungen hatten, haben das versucht. Und in nicht wenigen Fällen hatten sie auch Erfolg.

Heute enthalten Lehrerhandbücher guter Fibeln auch Ausführungen zur „Theorie des Lesenlernens". Haben Sie mehrere gelesen, wird sich Ihnen einerseits der Eindruck von allerlei Aufgeplustertem aufdrängen.[24] Sie werden aber andererseits auch Anlass zu der Vermutung gewinnen: Laien halten das Lernenlassen des Lesens für leichter als es ist, Fachleute bauschen es als besonders schwierig auf. Welche der beiden Einschätzungen ist richtig? Die Antwort lautet wieder mal: Das kommt darauf an. Nämlich auf Sie, die Sie Ihr Kind oder ganze Gruppen zum Lesenlernen verlocken, und auf die Kinder.

In einzelnen Vorschuleinrichtungen gibt es geradezu abenteuerliche Selbstversuche, jeden Fachwissens bar. Und die Kolleginnen sind stolz, wenn sie bei einigen Kindern Erfolg hatten, etwa wenn die auf einem Schild plötzlich EDEKA lesen.

Aber nach einer alten Redensart unter Lehrern kann nicht mal die Schule verhindern, dass leistungsstarke Kinder etwas lernen. Für den Kindergarten gilt das ebenfalls. Diese Schnellleser hätten über kurz oder lang das Lesen auch ohne die Belehrung durch ihre Erzieherin gelernt. Manche brauchen nur einen „Schubs", dann rollen sie allein weiter auf dem Weg des Lernens. (Manche brauchen nicht mal einen Schubs.) Je weniger man da nachhilft, umso besser fürs Lernen dieser Kinder. Es genügt, ihre Fragen zu beantworten.

An unseren Verlorenen werden wir gemessen

Wir dürfen uns nicht an denen messen, die wir bei ihren Erfolgen unterstützt haben, sondern an denen, die wir unterwegs verloren haben. Für Erwachsene, die ohne Fachwissen Kindern Lesen „beibringen" wollen, heißt das: Nicht die wenigen Erfolgreichen sind ihr Maßstab. Die hätten es meist ein paar Monate später auch ohne ihr Eingreifen geschafft. Sondern sie müssen sich an allen jenen Kindern messen, bei denen sie *keinen* Erfolg hatten und denen sie vielleicht mit untauglichen Maßnahmen ihren eigenen Weg des Lesenlernens verbaut haben – nicht selten mit langwierigen Folgen.

Es wird Ihnen helfen, wenn Sie sich immer wieder mal vor Augen halten: Die Kinder sollen nicht sogleich Lesen lernen, sondern sich Grundlagen schaffen. Wenn Sie das konsequent und gewissenhaft getan haben, kann es sein, dass die Kinder tatsächlich irgendwann „unterwegs" das Prinzip des Lesens begreifen und beginnen, allerlei Wörter in ihrer Umwelt zu entziffern. Nehmen Sie das dann als Zeichen dafür, dass Sie für gut ausgestattete Kinder eine gute Grundlage gelegt haben – aber setzen Sie es sich keinesfalls zum Ziel.

Wenn Sie fürchten müssen, Ihrem Kind mit übertriebenem Ehrgeiz zu schaden, orientieren Sie sich einfach an den Grundsätzen, die für die Sexualerziehung gelten:

1. **Das Kind fragt, nicht Sie.**
2. **Jede Frage wird beantwortet.**
3. **Sie wird in einer für das Kind verständlichen Art beantwortet.**
4. **Sie wird nicht vertiefend behandelt.**
5. **Antworten auf nicht gestellte Fragen kann es nicht geben.**

4. Die lautsprachlichen Fähigkeiten

Das Prinzip unserer Schrift:
Laute hören, Buchstaben kennen

Um das Folgende zu verstehen, muss ein Abschnitt über unsere Lautschrift vorgeschaltet werden.

Jedes gesprochene Wort besteht aus einzelnen Lauten. Die sind beim Sprechen eng miteinander verschmolzen. Entsprechend schwierig sind sie herauszuhören. Sprechen Sie mal die Frage „Wie war's heute im Kindergarten?" vor sich hin. Sie haben 24 Laute eng zusammengewachsen gesprochen, wie ein einziges sprachliches Gebilde. Für (fast) jeden dieser Laute gibt es einen Buchstaben, für manche sogar zwei.[25]

Für ein ungeübtes Kind „verfließen" (Artur Kern) die Laute eines Worts; einen gesprochenen Satz, erst recht ein einzelnes Wort, nimmt es als Gesamtklang wahr. Die Laute sind zu einem Klangbrei verschmolzen. Das Kind hört nicht, dass in hundertstel Sekunden ein Laut auf den anderen folgt.

Im Fernsehen kommen immer wieder Menschen aus aller Welt zu Wort. Ehe die gesprochene Übersetzung einsetzt, hat unsereins Zeit zu denken: Wie ist das nur möglich, diesen ungegliederten Gesamtklang zu verstehen! So ähnlich, kann man sich das wohl vorstellen, klingt unsere Sprache im Kopf eines lautlich nicht bewussten Kindes. Dann ahnt man, was für eine Leistung Kinder zu erbringen haben.

Dass in unserer Sprache eine Vielzahl von Lauten aneinandergefügt ist, wissen die Kinder nicht. Dass es für (fast) jeden Laut einen Buchstaben gibt, wissen viele Schulanfänger nicht. Die bei Schulbeginn ihren Namen schreiben können, malen ihre Zeichenfolge auswendig und wissen nicht, dass jeder ihrer Buchstaben für einen Laut ihres Namens steht. *Sie hören auch diese Einzellaute nicht.*

Daraus ergeben sich fürs Lesen- und Schreibenlernen zwei zentrale erste Aufgaben:

1. Wer lesen und schreiben können will, muss die verschiedenen Laute hören, abhorchen können, aus dem Klangfluss heraushören können. Was für uns selbstverständlich scheint, ist für viele Kinder ein enorm großer Schritt: Bei dem Wort MAMA höre ich erst ein M, dann ein A, dann wieder M und wieder A.

2. Wer lesen und schreiben können will, muss die Zeichen kennen, die wir für jeden Laut schreiben, also unsere Buchstaben.[26]
   Bei allen Unterschieden in deutschen Fibel-Konzepten besteht im Grundsatz seit dem 16. Jahrhundert selbstverständliche Einigkeit über diese beiden Kernbestandteile.

Es geht also um das, was das Kind hört. Das sind die Laute. Und es geht um das, was das Kind sieht: die Schrift, mit der die gehörten Laute abgebildet werden. (Dass man beim Lesen diese Laute zu Wörtern „zusammenziehen" muss, wird in der Schule ein Kapitel für sich sein.)

Hören oder sehen: Was kommt zuerst?

Aber was kommt zuerst? Hierüber gab es Jahrhunderte lang keine Einigkeit unter Leselehrern. Die eine Gruppe waren die „Optiker". Die wollten lieber mit den Buchstaben anfangen. Denn die seien es schließlich, die das Kind *sehe*.

Die zweite Gruppe waren die „Akustiker". Die wollten lieber mit dem Hören anfangen. Man könne schließlich nicht schreiben, was man nicht hört.

Scharen von Sprachlehrern haben dafür geworben, „dass der Leselehrgang die akustische Analyse nicht voraussetzen darf, sondern sie heranzubilden hat" (Werner Radigk).[27] Stellvertretend für diese alle kann stehen, was Adolf Kossakowski vor mehr als einem halben Jahrhundert feststellte: Aus unzureichender Sprechschulung wächst Leseversagen.

Die Diskussion wogte unter den Leselehrern hin und her. Vermutlich waren die Unentschiedenen in der Mehrheit. Da wurde – wir dürfen es nicht verschweigen – viel „drauflos gewurstelt". Heinrich Müller hat schon vor Jahrzehnten belegt, „dass häufig keine Klarheit über die Bedeutung der optischen und akustischen Analyse … besteht".[28] Der „reinen Lehre" hingen nur wenige an. Stets gab es allerlei mehr oder weniger private Mischformen.

Der Streit ist entschieden, seit in jüngster Zeit die Untersuchungsbefunde von Psychologen einander geradezu überstürzen.[29] (Uninformierte unter uns Lehrern gibt es leider immer noch.)
Alle heute vorliegenden Befunde lassen nur einen Schluss zu: Ist das Optische schwach, geht's mit Mühe. Ist das Akustische schwach, geht's überhaupt nicht. Hören heißt auch Sprechen. Dazu ist auf Seite 34 ff. mehr gesagt.

Die Stimmen unserer zitierten Vorgänger gingen also zu Unrecht in der Kakophonie der Fachdiskussion unter. Massenhaft wurden Kinder geschädigt, weil der Chor der „Optiker" lauter tönte als die „Akustiker". Ohne Umschweife: Wer heute noch die Kenntnis der Buchstaben für wichtiger hält als das Hören von Lauten, macht einen schweren Fehler. Das gilt auch für alle, die beides für gleich wichtig halten. Man kann in vielen Fragen des Lesenlernens verschiedener Meinung sein. Aber es ist unverantwortlich, einen Berg von Befunden zu missachten – gerade angesichts der jüngsten von Psychologen beigebrachten, die mit denen vieler der alten Volksschullehrer deckungsgleich sind.

Die dritte Gruppe neben „Optikern" und „Akustikern" möchte beides zugleich machen, „in einem Rutsch". Die lassen zum Beispiel die Kinder aus MAMA die Laute M und A heraushören und zeigen gleich, wie das geschrieben wird, was sie da gerade abhorchen.
Dieses aus der DDR stammende Verfahren ist zweifellos das plausibelste, denn die Kinder erfahren sofort: Ich kann lesen! Aber es

setzt voraus, dass sie einigermaßen das M und A aus dem Gesamt-klang des Wortes MAMA heraushören können. Wenn nicht sofort, dann sollten sie es bei diesen Gelegenheiten möglichst bald lernen.

Und genau hier liegt das Problem. Das gelingt nämlich bei immer mehr Kindern nicht. Weil ihnen der oben beschriebene Wurzel-grund fehlt, weil sie unsere Sprache oft nur radebrechen, lernen sie das Hören nur langsam. Viele haben sich nicht nur eine schlampige oder falsche Aussprache angeeignet, es mangelt ihnen nicht nur an Sprachgefühl, Sprachkenntnissen und Sprecherfahrungen – sie müssen erst mal lernen, ganz allgemein genau hinzuhören. Wie soll so ein Kind KINDERGARTEN Buchstabe für Buchstabe schreiben oder lesen, wenn es „kinnegaan" spricht? Wenn dieses „kinnegaan" nicht nur eine der im Zuge der phonologischen Entwicklung ty-pische Vereinfachung der Aussprache ist,[30] sondern im Ohr so eines Kindes KINDERGARTEN wirklich wie „kinnegaan" klingt? Auch nach langem Training ist ihr Gehör nicht so bald fürs Erfassen schwieriger und ähnlicher Laute geschärft. Immer öfter berichten Grundschullehrerinnen von einer akustischen Wahrnehmungs-schwäche, die es in diesem Ausmaß früher nicht gegeben habe.

Zuerst die lautsprachlichen Grundlagen!

Wenn das so ist, sollte es zwingend geboten sein, sich auf die Seite der „Akustiker" zu schlagen. Zuerst sind lautsprachliche Fähig-keiten zu entwickeln. Als Ergebnis eines Trainings mit 235 dä-nischen Vorschulkindern resümieren die Autoren zum Abhorch-vermögen: „The effect was dramatic", und als Folge stellen sie bei den Kindern deutliche Erleichterungen beim Lesen- und Schrei-benlernen fest (Lundberg …).

Auf Seite 12 ff. wurde dargelegt, dass die Grundlagen *vor* der Schul-zeit gelegt werden sollten und dass dafür am besten Eltern und Kin-dergarten in Frage kommen. Nun können wir auch sagen, was eine frühere Förderung *für die Grundschule* bedeutet.

Wenn sich in einer Eingangsklasse die Gesamtzahl der in Lautwahrnehmung schwachen Kinder wenigstens verringern würde, gewönne deren Lehrerin Zeit für die *wirklich* Mühseligen und Beladenen ihrer kleinen Gesellschaft.[31]

Hierzu ein Beispiel: Vielleicht sind da nur drei bei den 25 Kindern in Klasse 1B, die ein halbes Jahr brauchen, bis sie die lautsprachlichen Fähigkeiten hinreichend entwickelt haben. (Meistens gibt es mehr als nur drei!) Ein halbes Jahr Zeit haben sie nicht immer. Aber wir wollen nun mal annehmen, dass diese drei an eine der vielen Erstklass-Lehrerinnen geraten sind, die sich für sie mit mühsamer Differenzierung aufreiben. Dann haben unsere drei die Zeit tatsächlich *doch*.

Nur: Inzwischen sind die anderen Kinder in der Klasse in ihrem Lesevermögen nicht stehen geblieben. Die Lehrerin hat sie ja nicht bremsen können und wollte das auch nicht. Unsere drei schwachen Kandidaten hecheln nun einem Rückstand hinterher. Und der ist beim Lesenlernen nach einem halben Jahr gewaltig.

Nun aber kommt das Entscheidende: Diesen Rückstand werden sie mit großer Wahrscheinlichkeit bis zum Ende der Schulzeit nicht mehr aufholen. Das bestätigen übereinstimmend PISA- und IGLU-Studie. Das bestätigen auch alle wissenschaftlichen Untersuchungen, wie auf Seite 13 f. dargelegt wurde.

Auf jeden Fall aber bleibt festzuhalten: Die lautsprachlichen Fähigkeiten können Eltern und Kindergarten besser entwickeln als die Schule. Dafür gibt es im Praxisteil viele Beispiele.

Die sogenannte phonologische Bewusstheit

Als vor über zwei Jahrzehnten zwei Psychologen (Wagner/Torgesen 1987) diesen Begriff kreierten, hatten sie nicht die Praxis des Lernens im Blick, sondern ihre wissenschaftliche Diskussion. Für die Praxis taugt dieser Begriff nicht, denn er fasst

Nebensächliches, Wichtiges und Unverzichtbares zusammen, sodass weniger Kundige meinen, alles sei gleich wichtig.

Diesen Mangel versuchten zwei Jahre später zwei andere Psychologen (Skowronek/Marx) zu beheben – jedenfalls für die deutschsprachigen Länder. Sie nannten das Unverzichtbare „phonologische Bewusstheit *im engeren Sinne*". Dass es seit Generationen den Begriff der „akustischen Analyse" gibt, ohne dessen Kenntnis keine Grundschullehrerin aus der Hochschule entlassen werden darf (oft aber wird), wussten sie vermutlich nicht. Weil in diesem Buch auch von vielen praktischen Hilfen die Rede ist, die in mehreren Leselehrer-Generationen erarbeitet wurden, bleibt es hier bei dem überkommenen Fachausdruck: akustische Analyse.

„Phonologische Bewusstheit" – was ist das?

Woraus besteht denn diese Grundlage aus lautsprachlichen Fähigkeiten? Mit dem Begriff „phonologische Bewusstheit" ist die Fähigkeit gemeint, gesprochene Sprache als ein Gebilde von Sätzen, Wörtern, Silben und Lauten zu erkennen.

Was darunter zu verstehen ist, sei am Beispiel eines Reims gezeigt:

Morgens früh um sechs
kommt die kleine Hex.

Wenn Kinder diesen Vers sprechen, steht ihnen eine kleine Hexe vor Augen, die frühmorgens irgendwo erscheint. Sie sind sozusagen mittendrin in dem Geschehen mit der ankommenden Hexe.

Den Satz wie von oben herab betrachten, nur als sprachliches Gebilde, können sie nicht: Wörter soll es hier geben? Wieso Wörter? Hier geht es doch um eine Hexe! Und die kommt morgens, wenn ich noch schlafe. Die Hexe soll aus Lauten zusammengesetzt sein? Was soll *das* denn heißen?

Einen Satz als Satz „analytisch … durchschauen"[32] können die meisten Kinder nicht. Darin liegt „die eigentliche Schwierigkeit beim Lesenlernen" (Bernhard Bosch)[33].

Die lautlichen Eigenheiten dieses Hexen-Verses müssen dem Kind bewusst sein:

1. Vor und nach der Pause sind es jedes Mal vier Wörter. Das sei doch selbstverständlich? Für uns ja – aber nicht für das Kind. Das erfährt hier, morgens früh um sechs komme eine kleine Hexe. Wörter in diesem Vers hört das Kind nicht, sondern eine Menge Laute in einem gleichmäßig schnellen Sprachfluss. (Wir machen beim Sprechen ja nicht nach jedem Wort eine Pause. Nur an einer Stelle wird der Fluss kurz unterbrochen.)

2. Alle acht Wörter gehören zusammen. Sie sind ein Satz. (Kinder müssen nicht wissen, dass das Gebilde „Satz" heißt. Aber ihr Sprachgefühl soll ihnen sagen, dass es sich hier um eine sprachliche Einheit handelt.)

3. Wenn man zu dem Vers klatscht, klatscht man bei manchen Wörtern einmal (früh, sechs …), bei manchen klatscht man zwei Mal (Morgens, kleine). Dabei hört man die Silben. (Auch auf den Begriff „Silbe" kommt es nicht an. Es soll ihnen nur intuitiv bewusst sein, dass viele Wörter gegliedert sind – manche mehr, manche weniger.)

4. Sechs **reimt sich** auf Hex. Das sei selbstverständlich? Wiederum nicht. Kinder, die kaum Verse kennen, erleben den Reim auch nicht als Wohlklang.

5. Wenn etwas gut verständlich ist, vielleicht sogar schön klingt, ist es nicht einfach leiernd drauflos gesprochen, sondern wurde „gut betont":
   Morgens **früh** um **sechs** (ein Schlag oder drei Schläge Pause)
   kommt die **klei**ne **Hex**. (Betonte Silben sind gefettet.)
   Was die Kinder nicht ausdrücken, wohl aber spüren können: Sprache hat einen Rhythmus.

6. Manche Verse klingen besonders schön, wenn wir sie klar akzentuiert sprechen. (**Meine Mi**, meine **Ma**, meine **Mutter** …)

Als Leselehrer ist man versucht zu sagen: Alles schön und gut und wichtig, aber am Ende kommt es auf *einen* Schritt viel mehr als auf alle anderen an:

7. Wenn man genau hinhört, hört man aus dem
    Klangbrei HEX drei Bestandteile heraus: Erst hört
    man H, dann E, dann X. (Es sind „Laute" – aber der
    Name ist auch in diesem Falle unwichtig.)

Die „akustische Analyse"

Die ersten sechs Punkte muss man keinem Kind erklären. Da *soll* man auch nichts erklären. Die müssen im Laufe der Zeit „gefühlsmäßig" erfasst werden. Wir animieren sie, machen das mit ihnen zusammen – dann entwickelt es sich ohne unser Zutun. Diese ersten sechs Punkte der phonologischen Bewusstheit im weiteren Sinne zu gewinnen, erfordert ständige Aktivitäten der Kinder – aber nicht zielgerichtetes Lernen unter Anleitung.

Gänzlich anders verhält es sich mit dem letzten Punkt, der akustischen Analyse, die zur phonologischen Bewussheit im engeren Sinne zählt. Auf die kommt es an und für die brauchen mehr Kinder als früher unsere Unterstützung.

Wer die Lautfolge eines gesprochenen Wortes nicht gut abhorchen kann, wird vielleicht (sehr schlecht) Lesen lernen – aber niemals Schreiben.

Das Beispiel stammt aus einer Klasse 1 des Autors. Die Kinder schrieben nach einem halben Jahr Schulbesuch einen Vers, den sie gut kannten, weil sie ihn oft mit klarer Artikulation gesprochen hatten.

Die Leistungen sind absteigend geordnet:

HEXE MINKA KATER PINKA
FOGEFU AUS BIST DU

HEKSE MIKA KATA PIKA
FOGEL FUN RAUS BIST DU

HESE MIKA FOGELFU PIKA
FOGELFU AUS BITDU

ESFMKA KATABNA FUGELU
AUSBIST 8BU

Die erste ist hervorragend.

Die zweite ist rundherum gut. Rechtschreiben – zum Beispiel F statt V – spielt keine Rolle. Es ist klar zu sehen, welche Laute korrekt abgehört werden und zu welchen die Buchstaben bekannt sind (X noch nicht – aber KS ist richtig gehört). Der Buchstabe für das im Rachen gebildete N bei PINKA und MINKA ist als Zeichen noch nicht verfügbar – kein Problem und vermutlich ein Fehler des Lehrers. Die schwierige Endung –er ist noch nicht verfügbar. Lauter Kleinigkeiten.

Die dritte Leistung zeigt ein Kind „auf der Kippe". Es wird klar: Hier hat der Lehrer noch Arbeit vor sich, aber die Probleme sind gerade noch rechtzeitig erkannt.

Das Kind des vierten Beispiels ist bereits abgestürzt, ohne dass der Lehrer es bisher gemerkt hat, denn Lesen konnte es einigermaßen passabel (!). Es mangelt an Abhorchvermögen und an Buchstabenkenntnis. Dennoch lässt sich auf der bereits vorhandenen Substanz aufbauen. Ohne den Test wäre die Katastrophe nicht erkannt worden. (Das Kind beendete seine Schulzeit nach elf Jahren mit dem mittleren Bildungsabschluss.)

Die *akustische Analyse* gehört seit Jahrhunderten zu den „schwierigsten Lernschritten", wozu Schulanfänger „nicht ohne Weiteres … fähig" sind. Das schrieb der Professor Emil Schmalohr[34] als ein Ergebnis seiner groß angelegten Untersuchung. Die stammt aus dem Jahre 1970, als an die Schreib-Lese-Katastrophe unserer Zeit noch kein Mensch dachte.

„Von sich aus wird das sechs- oder siebenjährige Kind innerhalb der gesprochenen Sprache nicht zur Analyse übergehen,"[35] schrieb Artur Kern, einer der Matadoren der „Ganzheitsmethode" in den fünfziger Jahren. Heute, ein halbes Jahrhundert später, schreiben Petra Küspert und Wolfgang Schneider das immer noch: Das „entwickelt sich üblicherweise erst im Zusammenhang mit der schulischen Anleitung".[36]

Hat sich also nichts geändert? Doch: Heute müssen wir bei vielen Kindern einen viel größeren Aufwand betreiben als vor einem halben Jahrhundert. Damals veranschlagte Artur Kern für die meisten Kinder nur zwei bis drei Wochen.[37]

Darum geht es also: Dass Kinder beim konzentrierten Sprechen keinen diffusen Lautkomplex mehr wahrnehmen, sondern einzelne Laute heraushören können.

„Legasthenie" verhindern!

Psychologen ersinnen immer mehr Testverfahren,[38] mit deren Hilfe vor Schulbeginn jene Kinder ermittelt werden sollen, bei denen dieser Nährboden nicht gewachsen ist und denen beim Lesenlernen in der Schule große Schwierigkeiten drohen. Das sind kenntnisreich konstruierte Fregatten, auf deren geblähten Segeln oft steht: „Legasthenie verhindern".

Daran kann heute vernünftigerweise kein Zweifel mehr sein: Kinder mit gut ausgeprägter phonologischer Bewusstheit, besonders der Fähigkeit zur akustischen Analyse, werden nur selten das, was landläufig-leichtfertig „Legastheniker" genannt wird.[39] Natürlich sind Kinder im Lesen und Schreiben so unterschiedlich wie im Laufen, Rechnen, Schwimmen und Singen. Auch die lautsprachlichen Grundlagen gewinnen manche mit Mühe, manche ganz selbstverständlich „mit links". Aber entscheidend ist, *dass* sie die überhaupt gewinnen.

Dass das möglich sei, behaupten Schulpädagogen nicht erst seit Werner Radigk. Wir waren sicher, dass die Probleme nur selten in den Kinderköpfen liegen, meistens im Lesen- und Schreibenlernen. Aber dabei dachten wir nur an die *Schule*, deren Lehrerinnen durch mangelhafte Ausbildung, viel zu große Klassen und viel zu wenig Lernzeit gar nicht die Möglichkeit haben, die Erfolge zu erreichen, für die sie sich so sehr einsetzen.

Inzwischen entdecken Psychologen: Künftige „Legastheniker" sind schon im Vorschulalter daran zu erkennen, dass sie über die phonologische Bewusstheit einfach nicht verfügen.[40] Und dann schafft die Schule es oftmals auch nicht mehr.

Zu streiten wäre nur, wie verhindert werden könne, dass Bundesländer, Kommunen und andere Träger solche Tests benutzen, nur ausgewählte Kinder zu fördern, um die Gelder für eine allgemeine intensive Förderung zu sparen.

Eine Erzieherin, die mit ihren Kindern lustbetont „Meine Mi, meine Ma, meine Mutter schickt mich her" spricht und der Kinder Lautbewusstheit fördert, indem sie sie anleitet, auf das „Kribbeln" in den Lippen beim M zu achten, kommt von sich aus jedenfalls nicht auf den Gedanken, eine solche Förderung nur jenen zuteil werden zu lassen, für die eine entsprechende Untersuchung das vorgeschriebene Bedarfs-Attest geliefert hat. Statt anständige Straßen zu bauen, werden Schlaglöcher zu flicken versucht – weil's billiger ist.

Früher „nur" schwierig, heute oft unmöglich

Was damals „nur" schwierig und in einigen Wochen zu bewältigen war, ist mit den sprachlich Unentwickelten in unserer Schule oft unmöglich.

Im Vergleich zu früher müsste die Schule heute den Aufwand zur Behebung dieser Schwäche vervielfachen. Aus vielerlei Gründen geschieht das nicht.

In einer großen Untersuchung hat Kurt Meiers nachgewiesen, dass die Entwicklung des Lautbewusstseins in der Grundschule entschieden zu kurz kommt. Allzu oft, wenn „eigentlich" die Basis längst gelegt sein sollte, stellen die Kolleginnen und Kollegen fest, dass sie noch immer nicht genug am Fundament gemauert haben. Dann muss „nachgegriffen' werden…, weil die Fähigkeit zum Ermitteln von Anfangslauten noch nicht sicher erworben zu sein scheint."[41] Nicht mal die von Anfangslauten! Von der Lautfolge eines ganzen Wortes ist da noch gar nicht die Rede.

Nichts hat sich seither gebessert. Im Gegenteil: Für den Sprachunterricht bei Grundschülern stand der heute pensionierten Lehrergeneration mehr als doppelt so viel Zeit zur Verfügung wie heute. Die drastische Verkürzung der „Stunden"-Zahl auch fürs Lesenlernen und die ebenso drastische Erhöhung der allgemeinen Anforderungen an die Pädagoginnen besonders im Sprachunterricht verhindern geradezu eine Aufarbeitung dieses Problems. Etwas zugespitzt gesagt: Die beste Zeit ist ohnehin vorbei, und selbst danach, in der Grundschule, ist für gründliche akustische Analyse oftmals keine Zeit.

Die Testergebnisse, mit denen sich unsere Kinder hinter denen vieler andere Länder einordnen müssen, haben es möglich gemacht. Die Bundesländer haben eingesehen: Es gibt diese Zeit – nämlich vor der Schulpflicht! Und sie haben bereits begonnen, auch dem Kindergarten diesen Aufgabenbereich zuzuweisen: Schleswig-Holstein und Hessen wünschen ausdrücklich das „phonologische Bewusstsein", Sachsen sogar eine „Anlauttabelle", Hamburger Kinder sollen „Anfangslaute unterscheiden" können, und in Rheinland-Pfalz heißt es: „…entdecken, dass Sprache aus einzelnen Lauten besteht, die man voneinander unterscheiden kann." Berlin spricht von „bewussten Lautunterscheidungen" und nennt gar als Ziel: „ … gleiche Anfangslaute bei Namen/ Worten hören". In Niedersachsen ist von „Vokalisieren" die Rede, und in Mecklenburg-Vorpommern ist „Einzellaute heraushören und ähnlich klingende Laute unterscheiden" gewünscht (s. die Übersicht auf S. 45 f.).

> Der heranwachsende Mensch muss Sprache hören lernen.
> *Johannes Wittmann 1933*[42]

Wenn Sie Glück haben, werden die ersten Laute schon am ersten Tag abgehorcht. Haben Sie weniger Glück, ist das bei den letzten auch nach Monaten noch nicht der Fall. Seien Sie getrost: Mit Intelligenz hat das nichts zu tun.

Einen Durchbruch des Verstehens, ein Aha-Erlebnis, gibt es nicht. Wenn ein Kind heute das W als ersten Laut von WINTER gehört hat, kann es dennoch morgen sagen, WIND beginne mit WI. Und übermorgen beginnt WINTER vielleicht wieder mit WIN. Das ist normal. Es gehört zum Lesenlernen wie Hinfallen zum Laufenlernen.

Hören ist auch sprechen wollen

Falls Sie in Versuchung sein sollten, den folgenden Abschnitt zu überschlagen, um endlich zu den Maßnahmen zu kommen: Tun Sie's bitte nicht. Denn nun werden Sie erst verstehen, warum die Kinder sprechen, sprechen, sprechen müssen.

Hirnforscher unserer Zeit haben aufgedeckt, wie eng der Zusammenhang zwischen Lesen und Sprechen ist: Beim Lesen ist außer dem sensorischen Sprachzentrum noch ein zweites beteiligt. Die beiden sind miteinander „durch ein dickes Faserbündel … verbunden".[43] Und dieses zweite ist – das *motorische* Sprachzentrum.

Beim Hören spielt das Bewegungsempfinden eine wichtige Rolle. Beim Hören! Wir hören nämlich auch, weil wir Muskelbewegungen spüren!

Hören ist nicht einfach eine Sache des Ohrs. Am Hörvorgang beteiligt sind vielmehr auch Muskeln, so sehr das zunächst überraschen mag. Es handelt sich hierbei *nicht* um das von Maria Montessori bei der Arbeit mit Sandpapier-Buchstaben beschriebene „Muskelgedächtnis" der Hand,[44] sondern um Erlebnisse der Muskeln im *Sprech*apparat.

Viele Befunde stützen die These, dass der akustische Vorgang genau genommen ein akusto*motorischer* sei. Nehmen wir an, Sie sprechen Ihrem Kind ein R vor. In seinen Ohren trifft der akustische Reiz des Lautes R ein. Praktisch im selben Augenblick löst das R in den mehr als dreißig kleinen Muskeln seines Kehlkopfes die Tendenz aus, das R selbst zu sprechen. In Sekundenbruchteilen machen sich alle jene dieser Mini-Muskeln, die fürs Artikulieren des R nötig sind, bereit, ihren Teil zur Artikulation beizutragen. Dieses unvorstellbar schnelle und nur angedeutete Zucken, diese allerfeinsten Blitzimpulse verschiedener Muskeln sind präzise aufeinander abgestimmt – eben so, als sollte jetzt sogleich ihr Zusammenspiel den Laut R wirklich bilden.

Und wiederum praktisch im selben Augenblick kommt das „Muskelkonzert" auch schon im Gehirn an. Das Kind nimmt es wahr, ohne sich dessen bewusst zu sein. Nur die klitzekleinen und nur angedeuteten Zuckungen spürt es. Und schon ist der nächste Laut an der Reihe.

Eine einzige Sekunde nur dauert es zum Beispiel, wenn Sie den Paul mit „Guten Morgen, Paul!" begrüßen. Schauen Sie auf die Uhr: nur eine Sekunde! In dieser Sekunde haben Sie nacheinander fünfzehn Laute gebildet – jeden mit seinem eigenen komplizierten Zusammenspiel der vielen Mini-Muskeln. Und bei jedem dieser achtzehn Laute hat im Kehlkopf Ihres hörenden Paul rasend schnell genau dasselbe stattgefunden, und das „Orchester" hat das Erlebte ans Gehirn gemeldet. Unfassbar.

Diese motorischen Mini-Erlebnisse sind also am Hörvorgang stark beteiligt. „Der Hörer wiederholt sozusagen andeutungsweise das, was der Sprecher getan haben muss, um das Gehörte zu sprechen."[45]

Wer das weiß, wundert sich nicht, dass stilles Lesen bei unseren Kindern zunächst ein leises Sprechen ist. Ein Sprechen in Gedanken. Bei Kindern, die gerade lesen gelernt haben, und bei manchen alten Leuten bewegen sich beim stillen Lesen die Lippen. „Sogar beim stillen Lesen … (sind) Muskelkontraktionen der Artikulationsorgane festzustellen", schrieb der DDR-Forscher Gerhard Dathe schon vor Jahrzehnten.[46]

Man kann das wirklich gar nicht oft genug wiederholen: Sprechen, Sprechen, Sprechen!

Hören, könnte man sagen, ist nicht nur Hören-, sondern auch Sprechen-Wollen.

Noch einmal, zum Abschluss:

„Je deutlicher ein Kind artikulieren lernt, desto mehr wird es in der Lage sein, beim Lesen- und Schreibenlernen die einzelnen Laute eines Wortes richtig zu erkennen, je reiner und gegliederter es spricht, desto leichter wird ihm das Zerlegen eines Wortes in seine Lautbestandteile und das Erfassen des Leseprinzips." *(Adolf Kossakowski[47])*

5. Was Sie über Laute und Lautieren wissen müssen

Es gibt „leichte" und „schwierige" Laute

Vier Fakten müssen Sie zur Hörbarkeit von Lauten wissen:

1. Der Laie meint, Vokale seien am leichtesten zu hören. Das ist nicht richtig, denn bei den einzelnen Lauten von MARIA zum Beispiel findet in den zig Muskeln des Sprechapparats motorisch höchst Unterschiedliches statt. Bei A und I gibt es nur tönend strömende Luft. Hingegen MMM: Wie die Lippen vibrieren! RRRR: Was da im Rachen bebt! Da sind die oben genannten Müskelchen im Kehlkopf in voller Aktion. In den Wörtern von Anfangsschreibern fehlen nicht selten Vokale.

Warum? Die Kleinen sprechen sich jedes Wort langsam leise vor. Für jeden Laut, den sie in Kehlkopf, Rachen und Mund fühlen, schreiben sie seinen Buchstaben. Bei Vokalen fühlen sie aber nichts.

Hinzu kommt, was Adolf Kossakowski feststellte: „Vokale wie a in *Banane* oder ei in *beweinen* sind zwar gut herauszuhören, beim Sprechen liegt die Aufmerksamkeit aber mehr auf den vorangegangenen und nachfolgenden Konsonanten. … Die Vokale … werden im sprechmotorischen Akt nur wenig ‚empfunden‘ …"[48]

2. Die meisten Laute sind relativ leicht abzuhorchen, weil sie gedehnt tönend gesprochen werden können. Sie können beim „Gummiband-Sprechen" gut gehört werden.

   Kind: „MMMAAARRRIIIAAA!"

   Dass MARIA mit MMM beginnt, hören nach einigen Wochen fast alle Kinder. Aber einige sagen dann immer noch, der Name beginne mit MA. Bei PAPA sind es noch mehr, die PA hören. Denn der „Explosivlaut" P ist eben nicht gedehnt-anhaltend zu sprechen, sondern verfliegt im Nu. „Gummiband-Lesen" ist da nicht möglich. Das gilt auch für K und T.

3. Nur drei Laute sind isoliert überhaupt nicht zu sprechen, die sogenannten Verschlusslaute[49] B, D und G. Sie werden vom Gehirn auch langsamer wahrgenommen als zum Beispiel R, M, L, W und andere. Der Unterschied, referiert Manfred Spitzer, beträgt 20 Millisekunden, und das ist in der Wahrnehmung eine „kleine Welt". „Können diese kurzen Konsonanten nicht rasch analysiert werden, so ist dies gleichbedeutend damit, dass das Kind Verständnisschwierigkeiten für gesprochene Sprache aufweist."[50]

4. Diese Verständnisschwierigkeit wird deutlich vergrößert, wenn ein Konsonant eng mit einem anderen Konsonanten verschmilzt. Versuchen Sie's selbst! Sprechen Sie mal das Wort *brennen*. Das b haben Sie gar nicht wahrgenommen. Das wurde vom r übertönt.

Dass **KLASSE** mit K und nicht mit KL beginnt, ist für ungeübte Ohren schwieriger zu hören als das K in **KASSE**. Der Grund ist nun leicht zu verstehen: Wer KASSE spricht, erlebt das Muskelkonzert des K und danach, beim A, kaum Muskelbewegungen. Da strömt nur tönend Luft. Die Aufmerksamkeit in dieser Millisekunde ist also fast nur auf die motorischen Erlebnisse des K gerichtet. Bei KLASSE aber folgt auf das „K-Konzert" sogleich das „L-Konzert", das ein gänzlich anderes Muskelspiel verlangt, das in derselben Millisekunde wahrzunehmen ist.

Ebenso: Den F-Laut in **VATER** hören viele Kinder relativ schnell. Derselbe Laut ist in **FREI** aber so eng mit dem R verschmolzen, dass hier sozusagen ein Doppelkonzert stattfindet und viele Kinder auch nach wochenlangen Übungen sagen: FREITAG fängt mit FR an." (Und nicht wenige Kinder werden noch lange Zeit sagen, das Wort beginne mit FREI.)

Alle Konsonantenhäufungen sind schwierig, am meisten die mit den „schwierigen Drei": **BRÜCKE**, **BLUME**, **DREI**, **GLOCKE**, **GRABEN**...

5. Der letzte Punkt ist weniger wichtig, sollte dennoch nicht übergangen werden. Führen Sie sich bitte vor Augen, wo die Laute gebildet werden: Das AAA im „Vokaltrakt", das MMM mit den Lippen, das LLL mit der Zunge hinter den oberen Schneidezähnen, das RRR beim Zäpfchen (aber nicht immer; wie ist das bei Ihnen?).

Und das NG von GESANG, HÄUPTLING und EINLADUNG? Wenn die Kinder ernst nehmen, was wir ihnen sagen, wird das N vorne gebildet wie in NASE. Und das G hinten. NG kommt bei uns als Laut nicht vor. (Es ist auch, streng genommen, gar keiner, sondern ein Klang.) Ein eigenes Zeichen hat NG nicht, sondern das Paar NG. Versuchen Sie, solche Verunsicherungen von den Kindern fernzuhalten. Später akzeptiert das Kind diese Besonderheit, ohne dass Sie etwas erklären müssten.

Sprechstörungen sind meistens Entwicklungsverzögerungen

Bei immer mehr Kindern stellen wir Sprechstörungen von einer Art fest, die früher bei Fünfjährigen fast nicht mehr vorkamen. Laute und Lautgruppen werden durch andere ersetzt, verändert, vertauscht, ausgelassen. Was es so alles gibt:

Das Wort heißt	Das Kind sagt	Das Wort heißt	Das Kind sagt
Kindergarten	tinderdaten	Blume	bume
Schokolade	totolade	Treppe	keppe
Gabel	dabel	Schneemann	neemann
Krokodil	krokoldil	Knopf	nof
Nest	nets	Würfel	weafl

Einige Laute sind schwieriger zu sprechen als andere. Besonders die Zischlaute s, sch, ch machen vielen Kindern zu schaffen, auch die Unterscheidung von g und k, b und p, d und t, m und n … Lautverbindungen mit s (**Str**aße und andere, siehe oben) bereiten ebenso oft Schwierigkeiten.

*Sprach*störungen sind das oft gar nicht. Das Sprachvermögen solcher Kinder ist „eigentlich" intakt. Meist können sie „nur" bestimmte Laute nicht korrekt und flüssig aussprechen. Selten sind die Ursachen Krankheiten oder veränderte Sprechorgane.

> Solche Fehler eignet das Kind sich an, wenn es die Aussprache andrer nicht richtig hört oder aber wenn ihm falsch vorgesprochen wird. *(Maria Montessori[51])*

Viele Probleme erwachsen jedoch aus schlampigem Sprechen. Die Kinder hören richtig, und die Laute bilden können sie auch. Aber sie sprechen genauso nachlässig wie die Erwachsenen: *Schockelade* statt *Schokolade, hamwer* statt *haben wir, geane* statt *gerne.* Schreiben können sie solche Wörter natürlich nicht. Was man nicht richtig hört, kann man nicht richtig sprechen. Was man nicht richtig spricht, kann man nicht richtig hören. Und richtig schreiben kann man's dann natürlich auch nicht.

In der Regel hilft nur Übung. Die allermeisten Kinder können richtiges Sprechen so lernen wie Rollerfahren. Da muss sprecherzieherische Hilfe durch Fachleute nicht sein, und autodidaktische Hilfen wie Sprechen mit einem Korken im Mund sind unnötig. (Wenn Sie aber über längere Zeit überhaupt keine Fortschritte merken, dürfen Sie nicht zögern, den Sprachheildienst hinzuzuziehen.) Lispeln, wenn also das s wie ein hartes englisches th gesprochen wird, ist sogar ein Fall für die gesetzlichen Krankenkassen.

Wenn Sie in den Monaten vor der Schulzeit wochenlang keine Besserung hören, ist die Ursachenforschung Sache eines Logopäden. Oft ist aber die einzige Ursache: Die Kinder haben in ihrem bisherigen Leben einfach zu wenig (mit deutschen Kindern) gesprochen.

Richtiges Lautieren ist selten

Mancher Unfug ist nicht totzukriegen. „Wir haben von unseren Vorfahren - Gott weiß warum," die Gewohnheit übernommen, den Konsonanten ein schwaches E anzuhängen: „Be", „De", „Ge". So klagte der deutsche Schriftsteller, Sprachforscher und Pädagoge Johann Heinrich Campe[52]. Im Jahre 1830 war das. Für ein so verschultes Kind besteht das Wort BAD aus den Lauten BE-A-DE, und es liest „Beade".

Deshalb ist dringend zu raten: Gebrauchen Sie unbedingt die Namen der Laute so, wie sie klingen, d. h. *wie das Kind sie hört.* Sehr bald wird ein Kind einwenden: „Der heißt aber nicht R, sondern ERR!" Dann können Sie antworten: „Richtig, das ist sein Name. Aber er klingt (hört sich an) so: RRRRR."

Möglich, aber nicht nötig: unterstützende Gebärden

Manchmal ergeben sich unverhofft aus der Situation heraus Gebärden, die den Laut darstellen und die ohne jede Lehrbemühung populär werden. Ein runder Mund wie bei der deutlichen Artikulation von OSTERHASE steht ohne Ihr Zutun schnell für den Laut O, das Hauchen vor die flache Hand fürs H. Und wenn ein Kind einmal den Laut P explodierend sprach, wie gefordert, und Sie sich vermeintliche Spucketröpfchen aus dem Auge wischten, wird diese Bewegung für es immer die Gebärde fürs P sein.

Es gibt immer wieder mal solche „gefühlsmäßig herausgehobenen Erlebnisse, die sprachliche Entfaltung des Kindes zuweilen stürmisch vorantreiben" (Georg Geissler[53]). Erfinden sollten Sie so etwas nicht. Das kann sehr schnell gequält wirken und dann in schlechten Schulunterricht ausarten. Wenn es sich aber aus dem Umgang mit dem Laut ergibt und Ihr Kind es freudig akzeptiert, ist es sicherlich eine spielerische Bereicherung. (Die Muskeln im Sprechapparat – siehe oben! – gehen sogar bei der Gebärde in Bereitstellung!)

In einigen wenigen Schulen werden Lautgebärden gerade bei lernschwachen Kindern mit großem Erfolg eingesetzt.[54]

Gelegentlich mag auch Sprechen vor einem Spiegel jenen Kindern helfen, die unklar, verwaschen lautieren. Da übt man die bei manchen Lauten mögliche übertriebene Mundstellung: die O-Schnute, die auseinandergezogenen Mundwinkel beim I, die sichtbar hinter den Schneidezähnen liegende Zunge beim L, der M-Mund … Na ja: Wenn es Ihnen gelingt, die Aktion heiter, interessant und entdeckend-spielerisch zu gestalten und nicht als Abklatsch schlechter Schule …

6. Wenn das Kind über das Geplante hinausdrängt

Über die Schrift entscheidet das Kind

Es ist fast ausgeschlossen, dass sich ein Vorschulkind freudig mit Sprache beschäftigt, ohne immer wieder auf allerlei private Arten zu „schreiben". Heute schreiben viele Kinder bei der Einschulung ihren Namen, fast stets auswendig ohne Kenntnis der Laut-Buchstaben-Zuordnung, gelegentlich, entsprechend ihrer altersentsprechenden Wahrnehmung, spiegelverkehrt, auch auf dem Kopf stehend. Geradezu verblüfft erkannte Tolstoj bei den Kindern seiner Muschiks: „Jeder Schüler, der es gelernt hat, die einzelnen Buchstaben zu schreiben, wird von einer Leidenschaft zum Schreiben ergriffen."[55]

Den Grundsatz, das Interesse der Kinder am Sprachlaut zu wecken und dabei „vom Kinde aus" zu denken, sollten Sie selbstverständlich auch bei der Schriftwahl beachten. Wenn das Kind schreibt, wird es jene Schrift benutzen, mit der ausnahmslos alle nicht instruierten Vorschulkinder ihren Namen schreiben: eine Blockschrift („Großantiqua"). Alle Erörterungen, ob die Kinder damit denn auch die für sie „richtige" Schrift gewählt hätten, sind abwegig – sie mögen noch so „wissenschaftlich" herausgeputzt sein.

Selbst wenn es ein Mischmasch aus kleinen und großen Buchstaben sein sollte: Was das Kind schreibt, ist gut! (Das gilt auch für allerlei Seitenverkehrungen, die manche Wissenschaftler früher einmal als „Legasthenie"-Hinweise deuteten. Wirklich wahr!)

Wenn das Kind jetzt auch lesen will

Beim malenden Schreiben wird es nicht immer bleiben. Eine Folge von Lautbewusstheit und konzentriertem Umgang mit Sprache kann sein, dass das Kind fragt: „Wie schreibt man das?"

Dieser fast zwangsläufig zunehmenden Lernneugier tragen mehrere Bundesländer Rechnung. Die bayerische Anregung, „Kinder sammeln ,Lieblingsbuchstaben' in Schachteln", muss unabwendbar zur Folge haben, dass viele Kinder zu so einem Stück in ihrer Sammlung wissen wollen: „Wie heißt der?"[56] Das gilt auch für Nordrhein-Westfalen, wo die Kinder „Auto-Kennzeichen, Werbeschriftzüge, Produktnamen" (!) sammeln sollen, und es gilt ebenso für Bremen, wo die Fachkräfte das „Interesse von Kindern an Schrift und Zeichen" aufgreifen sollen, „indem sie die Neugier der Kinder unterstützen, Schriftzeichen zu entschlüsseln," und indem sie sogar „Zeichen und Buchstaben in der Umgebung mit den Kindern studieren lassen."(!)[57]

Was sich heute jedem Beobachter offenbart, könnten auch Sie erleben, und vielleicht werden Sie sich der „Dynamik der Gesamtsituation"[58] nicht entziehen können: Je näher die Schulzeit rückt und je mehr das Kind Spaß am Umgang mit Sprache gewonnen hat, desto mehr will es über Schrift, Schreiben und Lesen wissen, desto gezielter dürften seine Fragen werden, und vielleicht versucht es desto intensiver, sich den Zugang zu Schrift und Geschriebenem selbst zu erschließen.
Vielleicht erfasst das Kind aus eigener Kraft das Prinzip des Lesens und reiht sich so in die Gesellschaft der „Frühleser"[59] ein. Falls ihm das ohne jeden Druck gelang, wäre das ein Grund für eine besonders gute Flasche Roten am Abend. Denn „Lernen und Leisten können zum Tabu werden nur unter der Prämisse, sie müssten den Kindern abverlangt werden. Nicht aber unter der Prämisse, Lernen und Leisten müsse den Kindern zugestanden, ermöglicht werden."[60]

Ein Kind, das das Leseprinzip begriffen hat, kennt kaum Wichtigeres, als es immer wieder auszuprobieren. Keine verantwortliche Mutter, kein Vater und keine Pädagogin wird hier durch ihr „Bremsen" Motive zerstören wollen. Nie wieder wird Ihr Kind freudiger lernen – vorausgesetzt, Sie üben nicht mal mit Zucken der Augenbrauen Druck aus. Ihr einziges Mittel in dieser Zeit sei Lob und Anerkennung. Wir treiben einen Menschen „mit einem sanften Kusse tausend Meilen" voran (Hermione zu Leontes in Shakespeares „Wintermärchen"), – mit dem Sporn nur ein paar Schritte. Wenn das bei Erwachsenen tausend Meilen sind, dann sind es bei Kindern, die sich gerade diese gewaltige Kunst erschlossen haben, ganze Erdumrundungen.

Zu einer Zeit, da in Bayern noch jede Schulvorbereitung im Kindergarten ausdrücklich untersagt war, ermittelte Elisabeth Neuhaus-Siemon für Unterfranken 4% Frühleser.[61] Die vielen Kinder, die das Leseprinzip bereits begriffen haben, also eine Zeichenfolge synthetisierend in eine Lautfolge umsetzen können und nur den letzten Schritt zur Sinnerfassung noch vor sich haben, sind in dieser Zahl noch nicht einmal enthalten. Gar die um ein Vielfaches größere Zahl Kinder, die einzelne Wörter ganzheitlich wiedererkennen und manche Buchstaben benennen können, ist nicht mitgezählt.[62] Hilke C. Hein-Ressel fand 128 Frühleser in den Eingangsklassen von Eichstätt, Ingolstadt und Hamburg.[63]

Diese Zahlen belegen: Falls es tatsächlich so weit kommen sollte, dass Ihr Kind bei der Einschulung schon lesen „kann", dürfte vernünftigerweise seine Grundschullehrerin nichts dagegen haben. Sie wird in der Klasse noch mehr Kinder haben, die sich außerhalb des Schwarms bewegen. An ihrer bisher schon gegebenen Kernaufgabe jedes Leseunterrichts, die Schnellen nicht zu bremsen, wird sich deshalb nichts ändern, nur die Kinderzahl in einer der obersten Niveaustufen würde steigen. Und das ist die Stufe, die ihr am wenigsten Kopfzerbrechen abfordert.

Früher anfangen ist behördlich gewünscht
Dass keine Behörde Ihnen hier Vorschriften zu machen hat, versteht sich von selbst. Für viele Mütter und Väter ist es aber eine Be-

ruhigung zu wissen, dass diese Förderung ihres Kindes nicht unge-
wöhnlich ist. Im Gegenteil: Was früher ausdrücklich abgelehnt
wurde, wird heute mit dem Rückenwind der Befunde von PISA und
IGLU geradezu gewünscht.

Was Bundesländer zu den Grundlagen sagen

(Die Quellen sind am Ende des Literaturverzeichnisses genannt: in
der Liste „Bildungspläne von Bundesländern".)

Baden-Württemberg, Handreichung zur Sprachförderung, S. 22: Grundlegende Voraussetzungen … sind die Fähigkeit des Kindes zur akustischen Unterscheidung von
Lauten und zur optischen Unterscheidung von Formen, eine genaue Artikulation sowie motorische Geschicklichkeit, rhythmische und melodische Wahrnehmungsfähig-
keiten.

Bayern, S. 218: Laut- und Sprachspiele, Reime und Gedichte: … Reime, Gedichte – Das
Spiel mit Lautmalerei und Nonsensreimen, Wort- und Silbenspiele … Zungenbrecher
… Kinder sammeln ‚Lieblingsbuchstaben' in Schachteln. (Im Gruppenraum) sind stets
wechselnde Logos.

Berlin, S. 50: Kinder finden Wörter in der Umgebung …, schreiben sie ab und untersu-
chen sie … Alfabete und Anlauttabellen in der Schreibecke … Phonologisches Bewusstsein: Gleiche Anfangslaute bei Namen/Worten hören, gleiche Anfangsbuchstaben erkennen und „lesen"

Brandenburg, S. 6: Das Abdrängen von Schreiben und Lesen in den schulischen Bil-
dungskanon befriedigt die Neugierde der meisten Kinder nicht.

Das Fundament zum Schreiben- und Lesenlernen legt bereits der Kindergarten. Dafür
bedarf es einer offenen Lernumgebung, die es jedem einzelnen Mädchen und Jungen
ermöglicht, entsprechend ihrer/seiner Fähigkeiten die geschriebene Sprache zu erfassen.

Bremen, S. 21: … die Neugier der Kinder unterstützen, Schriftzeichen zu entschlüsseln,
… Symbole, Zeichen und Buchstaben in der Umgebung mit den Kindern studieren
oder in die Einrichtung holen.

Hamburg, S. 45: Anfangslaute unterscheiden, gleiche Anfangsbuchstaben erkennen …

Hessen, S. 67/69: ... Von besonderer Bedeutung für den Beginn des Lesenlernens: ... ein differenziertes phonologisches Bewusstsein entwickeln

Mecklenburg-Vorpommern, S. 59: Einzellaute heraushören und ähnlich klingende Laute unterscheiden

Niedersachsen, S. 21: Zu lernen, dass Buchstaben und Zeichen etwas ‚bedeuten' und spielerisch damit umzugehen ist eine gute Vorbereitung auf den Erwerb der Schriftsprache.

Nordrhein-Westfalen, Anlage S. 16: Kindliches Spiel mit Sprache in Sprüchen, Wortspielen, Reimen und Umdichtungen. Anlage S. 19: Aufgreifen des Interesses der Kinder an Zeichen und Symbolen der Erwachsenenwelt (z. B. Auto-Kennzeichen, Werbeschriftzüge, Produktnamen)

Rheinland-Pfalz, S. 22: ... Spiel mit Sprache und Lauten in Reimen, Quatschliedern etc., durch rhythmisches Sprechen, die Verbindung von Musik und Sprache oder lustige Geschichten, in denen es um die Aussprache von Wörtern geht ...

Saarland, S. 79: Laute und Lautkombinationen ... korrekt formen können

Sachsen, S. 13: Eine „Anlauttabelle" sollte bereitstehen

Sachsen-Anhalt, S. 52 f.: Laute und Lautunterscheidungen wahrnehmen; Klänge, Melodien, Satzmelodien und Rhythmen der deutschen Sprache und der Erstsprache wahrnehmen; Spaß an Lauten, Reimen, Liedern haben; den eigenen Namen lesen und schreiben

Schleswig-Holstein, unter: Bildungsbereich Sprache(n), Zeichen/Schrift ...: Die phonologische Bewusstheit stellt die wichtigste Voraussetzung für einen erfolgreichen Schriftsprachenerwerb dar ...

Thüringen, Seite 8: Dadurch entdeckt es (das Kind) Möglichkeiten, mit Worten und Sprache zu spielen und zu experimentieren.

Was Sie sonst noch tun können

Wichtiges vorab

Nun werden Maßnahmen vorgestellt, wie Sie Kinder verlocken können, ihre Grundlagen des Lesens und Schreibens zu erweitern und zu festigen. Dieser Teil ist nur deshalb in Kapitel eingeteilt, damit Sie leichter den Überblick behalten. Keinesfalls sollten Sie der Reihe nach vorgehen. Und bloß keine tägliche Übungszeit ansetzen! Machen Sie einfach das, was Kindern und Ihnen (Ihnen!) gerade Spaß macht. Das ist die beste Gewähr für Erfolg. Wenn Kinder bereits jetzt über gut entwickelte Voraussetzungen fürs Lesen- und Schreibenlernen verfügen, haben sie diese ja auch nicht abschnittsweise erworben!

Erinnern Sie sich, wie die Kleinen Laufen und Sprechen lernen: begleitet von lauter Freude und Ermunterung, ohne Belehren. Wenn sie hinfallen, reagieren wir mit „Hoppla!" Wenn sie kuriose Wörter erfinden, erzählen wir die entzückt weiter. Bewahren Sie sich diese Grundeinstellung.

Manchmal verdampfen die Motive der Kinder innerhalb weniger Minuten. Dann stellt sich schnell Überdruss ein. Diese Gefahr geht jedoch nie von den Kindern aus. Die wollen zwar immer wieder hören, was ihnen gefällt. Aber wenn sie keine Lust mehr haben, hören sie einfach auf. Die Gefahr geht stets von uns aus.
Überhaupt ist es sinnvoll, wenn es immer wieder tage-, auch wochenlange Pausen gibt, bis Kinder selbst eine Fortsetzung wünschen. Für Erwachsene und Kinder sollte gelten: Was wir hier tun, muss uns beiden Freude machen!

In den folgenden Kapiteln werden Sie sehr viele Reime finden. Wenn Sie Ihr Kind zum reimenden Mitsprechen und Sprechen verlocken, gehen Sie viele Ziele zugleich an: lustvoller Umgang mit Sprache, Fördern der allgemeinen Laut-Differenzierungsfähigkeit, spielerische Wortschatzerweiterung, Fördern des Sprachgedächtnisses und Sprachverstehens, Entwickeln des Empfindens für Rhythmus und Wohlklang. Damit das Kind Lust an Sprache gewinnt, ergeben sich viele Reimwörter fast zwangsläufig: Hier wird der Wortschatz erweitert, denn die Bedeutung vieler Wörter ergibt sich aus der Einbettung in den Textzusammenhang.

Bei Schüchternen wird allmählich die Sprechscheu abgebaut. Breuer/ Weuffen nennen sie eine „innere Barriere", und die sei „weiter verbreitet, als landläufig angenommen wird".[64] Schließlich, nicht zu unterschätzen: Bei den Reimen sprechen die Kinder, sie sprechen, sprechen!

Hören und Sprechen: Wörter, Silben und Sätze

Spielerisches Üben: Genau hinhören

Kleine Döschen haben paarweise unterschiedliche Inhalte: zwei enthalten etwas feinen Sand, zwei sehr groben Sand, zwei kleine Steinchen, zwei getrocknete Erbsen, zwei Büroklammern, zwei Pappschnipsel und so weiter. Gespielt wird wie mit Memory®, nur dass es nicht um das Sehen gleicher Bilder geht, sondern um das Hören gleicher Geräusche. Sie können „Geräuschdosen" fertig kaufen (Quellen über die Suchmaschine des PC). Sie können die aber auch gemeinsam mit dem Kind ohne Mühe aus Filmdöschen selbst herstellen. Döschen gibt es auch für wenig mehr als 10 Cent u. a. bei *www.montessori-material.de.*

 Schwierige Namen nachsprechen[65]

Spielregel: Lesen Sie die Namen der Dinosaurier und anschließend der Indianer langsam, gut artikuliert vor. Zwei bis drei Wiederholungen, bei denen das Kind mitspricht. Danach spricht das Kind allein. Wenn es das absolut fehlerfrei kann, zeigen Sie das zugehörige Bild und nennen bei den Indianernamen (alle nordamerikanisch) auch die jeweilige Bedeutung. Wenn nicht, wird entweder die Prozedur sofort wiederholt, oder der Name wird zurückgestellt.

Veranschaulichungen: Etwa 1 m hoch ist ein Kind mit ausgestreckten Armen. Größere Längen können Sie gut anhand von Raummaßen erklären. Erwachsene sind 1,70 m bis 1,80 m lang, das Zimmer 2,50 m bis 4 m hoch.

DINO-NAMEN:

Amargasaurus,
fraß Planzen,
10 m lang, Gewicht:
wie 6 Golf

Ankylosaurus,
fraß Pflanzen und
Termiten, 10 m lang,
Gewicht: wie 3 Golf

Brachiosaurus,
fraß Pflanzen,
23 m lang, 13 m
hoch, Gewicht: ?

Diplodocus,
fraß Nadelbäume,
27 m lang, 3,5 m
hoch; Gewicht: wie
7 Golf

Halticosaurus,
fraß kleine Tiere,
5 m lang,
Gewicht: ?

Hypsilophodon
fraß Pflanzen,
2–3 m lang,
Gewicht: ?

Ornitholestes,
fraß Vögel u. kleine
Tiere, 2 m lang,
Gewicht: ?

Ceratosaurus,
fraß kleine Saurier,
5 m lang,
Gewicht: wie 1 Golf

Apatosaurus,
Pflanzenfresser,
21 m lang,
Gewicht: wie 18 Golf

Tyrannosaurus rex,
Fleischfresser,
12 m lang, 6 m hoch,
Gewicht: wie 5 Golf

INDIANER-NAMEN:

Aaxiistowaakii
Wütende Frau

Amadahy
Wasserquelle

Amitola
Regenbogen

Kaklawangwa
Strenge Frau

Kuckunnivi
Kleiner Wolf

Powaqua
Während des
Erdbebens geboren

Palatala
Roter Sonnenaufgang

💫 Ohrenarzt

Der „Ohrenarzt" überprüft das Gehör des „Patienten". Er spricht in einigen Metern Entfernung
kurze Sätze: leise, sehr leise und flüsternd, Entfernung wachsend. Der Witz: Wahres und Unsinniges sind
bunt gemischt. Das Kind antwortet auf Wahres mit „Stimmt!" Auf
Unsinn („Alle Kühe sind lila", „Mercedes-Autos können fliegen",
„Hunde haben ein drittes Auge am Popo" …") antwortet es:
„Quatsch!"
Die Entfernungen wechseln. Umgekehrt überprüft auch das Kind
das Gehör der Erwachsenen und spricht leise solche Sätze.

💫 Wörterketten

Spielregel: Sie kündigen an, Sätze mit einem ganz einfachen Trick
zu „verzaubern". „Ich gebrauche nur ein einziges Wort – dann sagt
der Satz etwas ganz anderes." Das Kind sagt einen Namen. Sie machen einen Satz daraus. Und nun: „Achtung!", wird der Satz „verzaubert".

Name:	Lara	Max
Satz:	Lara frühstückt.	Max will Geld.
Zauberei:	Lara frühstückt **nie**.	Max will Geld **verschenken**.

Name:	Papa	Lucas
Satz:	Papa schimpft.	Lucas liebt Doro.
Zauberei:	Papa schimpft **nie**.	Lucas liebt Doro **nicht**.

Name:	Papa	Mama
Satz:	Papa will den Hund.	Mama hat zehn Euro.
Zauberei:	Papa will den Hund **abschaffen**.	Mama hat zehn Euro **verloren**.

Name:	Leonie	Meine Schwester
Satz:	Leonie redet viel.	Meine Schwester weiß alles.
Zauberei:	Leonie redet viel **Unsinn**.	Meine Schwester weiß alles **besser**.

Nach einiger Gewöhnung können die meisten Kinder kurze Sätze durch Hinzufügen von *nie* oder *immer* verzaubern:

Im August schneit es – nie. • Nachts scheint die Sonne – nie. Alex gehorcht seiner Mutter – immer. • Leo schreit – nie. • Maria schläft – immer. • Affen arbeiten – nie. • Onkel Fritz kämmt seine Glatze –.

Eine andere „Verzauberung" geschieht, wenn das Kind an geeigneter Stelle *nicht* einschiebt:

Hanna hat die Prüfung bestanden. • Tim hat Lena in den Popo getreten. • Lukas hat den 20-Euro-Schein verloren. • Felix hat den Streit angefangen. • Lena hat ihr Zimmer aufgeräumt. • Felix hat die Schüssel fallen lassen.

 Verloren

Diesmal werden zusammengesetzte Namenwörter in ihre beiden Bestandteile zerlegt. Zur Erleichterung ergibt sich jeweils ein Reim. Es könnte hilfreich sein, die beiden Wortbestandteile durch ein kurzes Zögern zu trennen: Kinder|garten

Ein **Kindergarten** war ganz leer.

> Da musste man auf Kinder warten.
>
> Denn ohne Kinder war der Kindergarten nur noch …

Eine alte **Kaffeekanne** verlor mal ihren Kaffee.

> Und das war eine böse Panne,
>
> denn ohne Kaffee war die Kaffeekanne nur noch …

Ein **Handschuh,** der verlor die Hand.

> Da dachte er: Nanu?
>
> Ganz ohne Hand, da bleibt vom Handschuh nur noch …

Ein **Knopfloch,** das verlor den Knopf.

> Und was geschah? Du weißt es doch:
>
> Ohne Knopf war's Knopfloch nur noch …

Gedichtroboter mit Wackelkontakt

Die mitspielenden Kinder erleben Sätze und Silben.

Ans Kinn halten Sie das eine Ende einer Elektro-Verlängerungs-schnur. Das andere liegt beim Kind sehr lose in einer (natürlich nicht angeschlossenen) Stromleiste. Solange der „Sprechstrom" fließt, sprechen Sie. Wenn das Kind den Stecker entfernt, bricht Ihr Sprechstrom ab.

Sprechen Sie in abgehacktem monotonen Maschinen-Ton einen Bagatelltext. Wenn das Kind den „Strom" an der Leiste unterbricht, endet ihr Sprechen genau nach einer Silbe. Fließt der Strom wieder, geht es exakt an der unterbrochenen Stelle weiter. Beispiel:

Vögel, die nicht singen, Glo ✸ cken, die nicht klin ✸ gen, Pferde die ✸ nicht springen, Don ✸ ner, die nicht kra ✸ chen, Kin ✸ der, die nicht ✸ lachen, was sind das für Sa ✸ chen?

Dann werden die Rollen getauscht. Das Kind spricht. In der Regel werden es Kinderlieder sein. Wenn Ihnen die ausgehen, ist jeder Text sehr erwünscht, er muss nur klar artikuliert, akzentuiert und die Silben betonend gesprochen werden. (Roboter sprechen nun mal so!)

 Babynamen suchen 1 (Variante 2 folgt auf Seite 83.)

Kindernamen sind um fehlende Endsilben zu er-gänzen. Mehrsilbige Namen sind am leich-testen – falls es die im Umfeld des Kindes gibt:

Sie tun so, als läsen sie Geburtsanzeigen in der Zeitung. Sie „lesen" nur die erste Silbe des Neugeborenen: „Frau … hat ein Mädchen. Es heißt Tan-." (Weitere Beispiele auf der folgenden Seite; wozu die Übung gut ist, können Sie auch noch mal auf S. 27 f. nachschauen.)

Das Kind ergänzt **die fehlende(n) Silbe(n).**

Tan (ja), Elisa (beth), Angeli (na), Angeli (ka), Le (na, ne, ni), Lau (ra), Sa (ra), Ma (rie, ria), So (phie), Jo (hanna), Ju (lia), Li (na, sa), So (fia), Pau (la, line), Cla (ra), Char (lotte), Kla (ra), Jas (min), ‖ Alexan (der), Maximili (an), Lu (kas, ca), Fe (lix), Jo (nas, sef), Juli (an) Nic (las), Cle (mens), Ro (man), Mo (ritz), Ni (co, na), Ni (kolaus), Da (vid), Si (mon), Fa (bian), Flo (rian) usw.

Natürlich ist das Ratespiel auch ohne vorgetäuschtes Lesen spielbar: „Rate mal, an wen ich denke!" Oder: „Ich denke an einen Menschen mit blonden Haaren. Er heißt Jo-." Das hat den Vorteil, dass auch das Kind Aufgaben stellen kann. Viele Variationen mit Namen allerlei Art sind denkbar.

◎ Silben klatschen

Das Klatschen muss erst ohne Text geprobt werden. „Zunächst übt das Kind einen bestimmten Rhythmus: Einmal mit beiden Händen auf die Oberschenkel schlagen, dann in die Hände klatschen, dann mit den Fingern schnalzen – und wieder von vorn beginnen" (Rose Götte). Dann folgt, anfangs betont langsam gesprochen, der Ernstfall, indem Sie gemeinsam zum Klatschen und Schnalzen sprechen. Einige Texte:

● **Der** die, das, ⸮ **wer,** wie, was, ⸮
  Knie   Hand   Schnalz Pause Knie   Hand   Schnalz Pause

wie**so,** wes**halb,** wa**rum?** ⸮

  Wer nicht **fragt,** bleibt **dumm!** (Sesamstraßenlied)
  Knie   Hand   Schnalz

● Es **war** ein**mal** ein **Mann,** ⸮ der **hatte keinen** Kamm. ⸮

Da **ging** er **hin** und **kauft** sich **ei**nen. **Siehs**te **wohl,** nun **hat** er **ei**nen.

- Zwei **Kn**aben **ga**ben **sich**'n **Kuss,** der **ei**ne, **der** hieß **Jul**ius.
  Der **and**ere hieß **Gret**chen, ♪ ich **glaub,** das **war** ein **Mäd**chen.

- Der **Ele**fant aus **Pa**kist**an,** der **hat** den **Rü**ssel **hin**ten **dran.**
  Der **Ele**fant aus **Born**e**o,** der **hat** ihn **a**ber **v**orne**o.**

- Da **dro**ben auf dem Berge, ♪ da ist vielleicht was los! ♪
  Da zanken sich vier Zwerge ♪ um einen Nudel-Kloß. ♪
  Der erste will ihn haben, ♪ der zweite lässt nicht los, ♪
  der dritte fällt in' Graben. ♪ Dem vierten platzt die Hos'.

- **Tro**cken Brot macht Wangen rot, Butterbröter noch viel röter.

Eine von mehreren möglichen Varianten: **Zwei**mal Schenkel, einmal Hände, einmal schnalzen. – Können Sie mit dem Kind auch die Rollen tauschen?
Weiteres Textmaterial finden Sie in der achten und letzten Abteilung „Spiele in der Gruppe und zum Kindergeburtstag: Mit Rhythmen umgehen".

2.

Gedichte zum Mitsprechen

Manche Kinder können schon beim ersten Hören den einen oder anderen Vers reimend ergänzen. Beim dritten, vierten Mal, vielleicht viel später, sprechen sie oft nicht nur die Reimwörter mit, sondern ganze Zeilen.

Viele dieser Texte sind alt, darum unserer Zeit entsprechend etwas „frisiert", d. h. modernisiert. *Kursiv gesetzten Text* können Kinder nach dem zweiten oder dritten Lesen oft lustvoll mitsprechen (siehe Seite 48).

An manchen Stellen gibt es Vorschläge zur Art des Lesens. Der Autor bittet freundlich, diese mit Nachsicht aufzunehmen: Im Unterschied zu Ihnen hatte er Muße, sich Gedanken zu machen. Oft sind Ihre eigenen Ideen, die aus der Situation mit Ihrem Kind erwachsen, sicher geeigneter.

Da fehlt etwas

Abends schleicht auf leiser Tatze zu dem Kirschbaum Nachbars …
Klettert flink hinauf bis fast auf den allerhöchsten …
Denn bekanntlich fressen Katzen außer Mäusen auch gern …
Vater Spatz piepst laut im Dustern und beginnt sich aufzu…
Augen glühen, Krallen wetzen, Vater Spatz hört's mit Ent…
Doch die Spätzin (Woll'n wir wetten?) wird schon ihre Kinder …
Kämpft so lange um ihr Nest, bis die Katz den Baum ver…

🌀 Das Huhn und der Karpfen

Hier sind Infos zu Hühnern als Eier-Produzenten und zu Fisch- und Froschlaich nötig. Das Vergnügen der Kinder rührt von den kakelnd gespro- chenen Mitsprechteilen.

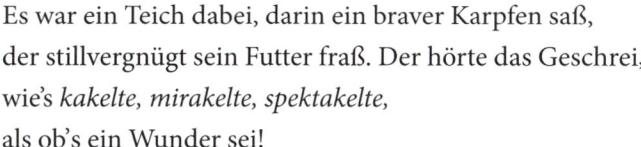

Bei einer Molkerei, da war einmal ein braves Huhn,
das legte, wie die Hühner tun, an jedem Tag ein Ei.
Und kakelte, mirakelte, spektakelte (Mund übertrieben werfen!),
als ob's ein Wunder sei!

Es war ein Teich dabei, darin ein braver Karpfen saß,
der stillvergnügt sein Futter fraß. Der hörte das Geschrei,
wie's *kakelte, mirakelte, spektakelte,*
als ob's ein Wunder sei!

Da sprach der Karpfen: „Ei! Alljährlich leg ich 'ne Million
und rühm mich des mit keinem Ton.
Wenn ich um jedes Ei so *kakelte, mirakelte, spektakelte* –
was gäb's für ein Geschrei!

Heinrich Seidel

🌀 Die Wohnung der Maus

Ich frag die Maus: Wo ist dein Haus?
Die Maus darauf erwidert mir: Sag's nicht der Katz, so sag ich's dir:
Treppauf, treppab, erst rechts, dann links,
dann wieder rechts und dann gradaus – da ist mein Haus,
du wirst es schon erblicken!
Die Tür ist klein, und trittst du ein, vergiss nicht, dich zu bücken.

Johannes Trojan

🌀 Kinderküche

Marie-Marei will Braten machen, hat keine Pfanne.

Nimmt sie sich die Schreibetafel von der Schwester Hanne.

Hat sie Pfanne.

Marie-Marei will Braten machen, hat keine Butter.

Borgt sie beim Kanarienvogel rasch ein bisschen Futter.

Hat sie Butter.

Marie-Marei will Braten machen, hat keinen Kochherd.

Nimmt sie einen Pappkarton, alt, kaputt und nichts mehr wert.

Hat sie Kochherd.

Marie-Marei will Braten machen. Fehlt noch das Gänschen.

Nimmt sie sich die Pudelmütze von dem Bruder Fränzchen.

Hat sie Gänschen.

Hei, mit diesen Wunderdingen muss der Braten wohl gelingen.

Auffordernd singen:

Bit - te zu Tisch!

Paula und Richard Dehmel

🌀 Der Wackelzahn

Es spielen und sprechen: Mutter und die „Familie" (Kindergruppe). Sprechanlässe sind die dauernd neuen Wackelzähne. Vielleicht ergibt sich sogar eine Echt-Situation? Falls Sie eine Echtsituation nutzen können, entspricht eine Polonaise dem Anlass: Der Zahn wie ein Kronjuwel auf einem Kissen vorangetragen.

Mutter: Wir ziehn nun unsern Zahn heraus, sonst tut er Anna
schaden.
Und sei nicht bange, kleine Maus! Gleich hängt er hier am Faden.

Der „Familie" Chor: *Der Zahn, der Zahn, der muss heraus, sonst
tut er Anna schaden!*

Mutter: Na, na, sie macht die Nase kraus und fürchtet meinen
Faden!
Hilft nix! Der Zahn, der muss heraus! Dann kriegt sie Schokoladen.

Der „Familie" Chor: *Der Zahn, der Zahn, der muss heraus! Dann
kriegt sie Schokoladen.*

Mutter: Ja, so ist's gut, du liebe Maus! Nun ist er fest am Faden.
Und jjjjetzt (Zahnrupfgebärde!) ist auch der Zahn heraus und soll dir nicht
mehr schaden!

Chor: *Der Zahn, der Zahn, der ist heraus.*
Und jetzt gibt's Schokoladen!
Nach Joachim Heinrich Campe

🌀 Verkehrte Welt

Wie ist's in der verkehrten Welt?
Da wird der Tisch auf den Teller *ge(stellt)*,
der Hahn legt die Eier, die Henne kräht,
der Garten wird in die Blumen *ge(sät)*.
Da wäscht der Strumpf das Mädchen rein,
an den Hühnern wärmt sich der Sonnen*(schein)*,
das Nest sich auf die Tauben setzt,
der Hase hinterm Hund her *(hetzt)*.
Karl Simrock

April

April, April, der weiß nicht, was er *(will)*!
Mal Regen und mal Sonnenschein,
dann hagelt's wieder zwischen(drein).

April, April, *(der weiß nicht, was er will)*!
Ans Fenster kommt doch mal und seht,
wie's draußen wieder stürmt und *(weht)*!

April, *(April, der weiß nicht, was er will)*!
Seht euch das an, o jemine!
Da fällt tatsächlich auch noch *(Schnee)*!

April, *(April, der weiß nicht, was er will)*!

Nach Karl Simrock

November

Mit fröhlichem Widerwillen zur Stimmungsaufhellung zu lesen.

Solchen Monat muss man loben: Keiner kann wie dieser *(toben)*,
keiner so verdrießlich sein und so ohne Sonnen*(schein)*!
Keiner so in Wolken maulen, keiner so mit Sturmwind graulen!
Und wie nass er alles macht! Ja, es ist 'ne wahre *(Pracht)*.

Seht das schöne Schlackerwetter! Und die armen welken *(Blätter)*,
wie sie tanzen in dem Wind und so ganz verloren *(sind)*!
Wie der Sturm sie jagt und zwirbelt und sie durcheinander *(wirbelt)*
und sie hetzt ohn' Unterlass: Ja, das ist November*(spaß)*!

Und die Scheiben, wie sie rinnen! Und die Wolken, wie sie *(spinnen)*
ihren feuchten Himmelstau, ur und ewig, trüb und *(grau)*!
Auf dem Dach, die Regentropfen: wie sie pochen, wie sie *(klopfen)*!
Schimmernd hängt's an jedem Zweig einer dicken Träne *(gleich)*.

O, wie ist der Mann zu loben, der solch unvernünftges *(Toben)*
schon im Voraus hat bedacht und die Häuser hohl ge*(macht)*;
sodass wir im Trocknen hausen und mit stillvergnügtem *(Grausen)*
und in wohlgeborgner Ruh solchem Gräuel schauen *(zu)*.
Heinrich Seidel

✏ Knecht Ruprecht

Von drauß vom Walde komm ich her,
ich muss euch sagen, es weihnachtet *(sehr)*.
Allüberall auf den Tannenspitzen
sah ich goldene Lichtlein *(sitzen)*;
und droben aus dem Himmelstor
sah mit großen Augen das Christkind her*(vor)*.
Und wie ich so strolcht' durch den finsteren Tann,
da rief's mich mit heller Stimme *(an)*:
„Knecht Ruprecht", rief es, „alter Gesell,
hebe die Beine und spute dich *(schnell)*!
Die Kerzen fangen zu brennen an,
das Himmelstor ist aufgetan.
Alt und Jung sollen nun
von der Jagd des Lebens einmal ruhn.
Und morgen flieg ich hinab zur Erden,
denn es soll wieder Weihnachten werden!"
Theodor Storm (gekürzt)

Zum Mitdenken und Mitsprechen

 Drunt' in der grünen Au

TIPP: Ein Ast mit Zweig und Blättern sollte zur Begriffsklärung zur Hand sein.

Drunt' in der grünen Au steht ein Birnbaum, ja schau, juchhe!
Drunt' in der grünen Au steht ein Birnbaum, schau, schau!

Was wächst auf dem Baum? Ein wunderschöner Ast!
Ast am Baum, Baum in der Au.
Drunt' in der grünen Au steht ein Birnbaum, schau, schau!

Was wächst an dem Ast? Ein wunderschöner Zweig!
(*Zweig an dem Ast …*)

Was ist auf dem Zweig? Ein wunderschönes Nest!
(*Nest auf dem Zweig …*).

Was ist in dem Nest? Ein wunderschönes Ei!
(*Ei im Nest …*)

Was ist in dem Ei? Ein wunderschöner Spatz (Fink, Star)!
(*Spatz im Ei …*)

Zuerst ähnlich von Karl Simrock

🌀 Eins, zwei, drei

Mutter/Vater/Pädagogin und Kind sprechen im Wechsel.
Das Kind spricht jeweils die Gegenteil-Zeile.

Eins, zwei, drei,
alt ist nicht neu,
     (*neu ist nicht alt*),
warm ist nicht kalt,
     (*kalt ist nicht warm*),
reich ist nicht arm,
     (*arm ist nicht reich*),
hart ist nicht weich,
     (*weich ist nicht hart*),
Stopp ist nicht Start,
     (*Start ist nicht Stopp*),
fein ist nicht grob,
     grob ist nicht (*fein*),
ja ist nicht nein,
     (*nein ist nicht ja*),
fern ist nicht nah,
     (*nah ist nicht fern*).
Mond ist nicht Stern,
     (*Stern ist nicht Mond*).

(Alle sprechen gleichzeitig:)
(*Schimpfen bin ich nicht gewohnt*)!
Es kommt vor, dass Schimpfen lohnt!

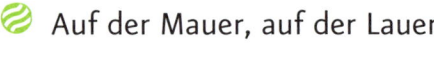 Auf der Mauer, auf der Lauer

Von Strophe zu Strophe wird bei *Wanze* und *tanze* jeweils der letzte Laut weggelassen. Das ist recht anspruchsvoll. Singen Sie deshalb schön langsam!

Auf der Mauer, auf der Lauer sitzt 'ne kleine Wanze.
Seht euch nur die Wanze an,
wie die Wanze tanze(n) kann!
Auf der Mauer, auf der Lauer sitzt 'ne kleine Wanze.

Auf der Mauer, auf der Lauer sitzt 'ne kleine Wanz…
Seht euch nur die Wanz… an, wie die Wanz … tanz… kann!
Auf der Mauer, auf der Lauer sitzt 'ne kleine Wanz …

Auf der Mauer, auf der Lauer sitzt 'ne kleine Wan…
Seht euch nur die Wan… an, wie die Wan… tan… kann! …

Auf der Mauer, auf der Lauer sitzt 'ne kleine Wa …
Seht euch nur die Wa… an, wie die Wa… ta… kann! …

Auf der Mauer, auf der Lauer sitzt 'ne kleine W …
Seht euch nur die W… an, wie die W… t… kann! …

Auf der Mauer, auf der Lauer sitzt 'ne kleine …
Seht euch nur die … an, wie die … … kann! …

Auf der Mauer … (wie erste Strophe)

Jetzt fahrn wir übern See

Die Zeilen werden wiederholt. Jeweils das letzte Wort wird beim ersten Singen weggelassen und erst beim zweiten eingefügt.

1. Jetzt fahr'n wir ü-bern See, ü-ber'n See, jetzt
fahr'n wir ü-ber'n Jetzt See mit ei-ner höl-zern'
Wur-zel, Wur-zel, Wur-zel, Wur-zel, mit ei-ner höl-zern'
Wur-zel, kein Ru-der war nicht mit dran.

Jetzt fahrn wir übern See, übern See, jetzt fahrn wir übern See.
Mit einer hölzern Wurzel, Wurzel, Wurzel, Wurzel, mit einer hölzern Wurzel, kein Ruder war nicht dran!

Und als wir drüber warn, drüber warn und als wir drüber warn.
Da sangen alle Vöglein, Vöglein, Vöglein, Vöglein,
da sangen alle Vöglein, der helle Tag brach an.

Ein Jäger blies in's Horn, blies in's Horn, blies in's Horn.
Da bliesen alle Jäger, Jäger, Jäger, Jäger,
da bliesen alle Jäger, ein jeder in sein Horn.

Das Liedlein, das ist aus, das ist aus, das Liedlein, das ist aus,
Und wer das Lied nicht singen kann, singen, singen, singen kann,
und wer das Lied nicht singen kann, der fängt von vorne an.

Gedichte zu Lauten und zum Lesen & Schreiben

 Kind und Buch

Spielen Sie, ein Buch in der Hand, das Kind!

Komm doch mal her, du gutes Buch!
Sie sagen immer, du bist so klug.
Und meine Mutter, die will so gerne,
dass ich was Gutes von dir lerne.
Nun komm mal her ganz nah an mein Ohr
und sag mir alle deine Sachen vor.

Sie machen, Buch am Ohr, ein angestrengt lauschendes Gesicht, schütteln den Kopf, horchen genauer, zucken resigniert die Schulter, weil Sie nichts hören.

Was ist denn das für ein Eigensinn!
Ja, siehst du denn nicht, dass ich eilig bin?
Ich spiele doch lieber und springe so rum.
Und du sagst mir nichts und bleibst einfach stumm?
Geh, dämliches Buch, du ärgerst mich!
Da in die Ecke schmeiß ich dich! (Buch wegwerfen)
Nach Wilhelm Hey

Der alte Gockelhahn

Der Bauer schaut zum Fenster raus:

„Was gibt's für Lärm vor meinem Haus?"

Da unten sieht er Jungen stehn, die woll'n nicht in die Schule
(gehn).

Jetzt kommt der alte Gockelhahn, der tut so wie ein kluger *(Mann)*.

„Gickriki!", so schreit er 'rum, „seid doch nicht so faul und
(dumm)!

Seht mich alten Gockelhahn! Hätt' ich jung etwas ge*(tan)*
und wär' nicht so faul gewesen, könnt ich schreiben jetzt und
(lesen).

Nehmt euch mal ein Beispiel dran!" Ja, so kräht der Gockel*(hahn)*,
der – sein Pech! – nur krähen kann.

(„Kickriki, kickrikiiii!")

Nach Franz von Pocci

Vokale

Anspruchsvolle Verse! Zu Vokalen gibt's außer den nachfolgend zu-
sammengestellten Texten noch etwas auf Seite 76: Bage Bege Bige
Boge Buge Packpapier und auf Seite 83: Clownsprache.

Ist es euch vielleicht bekannt? Achtzehn Laute sind im *(Land)*.
Gut zu hören ist kaum einer. Ohne Dolmetscher spricht *(keiner)*.
Nur mit Dolmetschern kann's gehen, alle 18 zu ver*(stehen)*.

Beim ersten steht der Mund auf weit. *(A)*
Der zweite klingt, wie'n Kleinkind schreit. *(E)*
Der dritte wohl nach Ekel klingt. *(I)*
Der vierte laut und tönend singt. *(O)*
Der fünfte wie ein Uhu singt. *(U)*

Und auf diese fünf Begleiter ist beim Sprechen und so wei*(ter)*,
auch beim Singen und beim Dichten
ganz und gar nicht zu ver*(zichten).*
Meint ihr, man käm' ohne aus?
Versucht es mal, da wird nichts *(draus).*
Idee aus: Des Knaben Wunderhorn

Der Versuch kann mit Kindern gelingen, die schon über Abhorch-
vermögen verfügen. Voraussetzung sind kurze Wörter wie MAMA,
PAPA, OMA, OPA, ESEL, HUHN, …

Gut zu veranschaulichender Spruch:
A, E, I, O, U –
der Mund geht immer weiter zu.

Wenn das Kind nicht nur Anlaute, sondern auch schon manche
Inlaute hört: Lesen Sie bitte noch einmal S. 36 ff. Sehr anspruchsvoll: „Lass uns mal MAMA ohne das „„Dolmetscher'-A sprechen!"

 Kopflose Wörter
Achtung: „M" lautieren – nicht „Emm" buchstabieren!

Wenn das M nicht wär' erfunden,
wäre manches schief und krumm,
denn dann hießen Max und Moritz
Atz und Oritz, das wär' dumm.

Diesen Vers kann man noch weiter ausbauen (Idee: Rose Götte), auch hier immer lautieren, nicht buchstabieren:

Wenn das K nicht wär' erfunden, wäre manches schief und krumm,
denn dann hießen Katz und Kater Atz und Ater, das wär' dumm.

Noch mehr:
W: Wurst und Winter – Urst und Inter
l: laut und leise – aut und eise

Besonders attraktiv – aktuelle Kindernamen:
P: Paul und Paula
M: Max und Mia
J: Jan und Jule
T: Tom und Tina
N: Nick und Nele
B: Ben und Basti
F: Finn und Felix
K: Klaus und Klara

5. Mitsprechen, Mitsingen, Mitmachen

 Löwenjagd

Grundregel: Die Pädagogin sagt, was getan wird. Die Kinder tun es jedes Mal und sprechen dazu betont rhythmisch den Refrain.

Pädagogin	Kinder
	Chorsprechen des Refrains in gleichmäßigem Takt, ohne Pause, erstes Wort gedehnt. Klatschen zum Sprechen (*einfach:* nur mit den Händen; *erschwert:* Hände – Schenkel – Hände – Schenkel).
	„Wi-ir gehen jetzt auf Löwenjagd, jetzt wird der Löwe umgebracht.
„Wir gehen über die Straße."	Mit lauter Stimme und lautem Fußstampfen: „Wi-ir …"
„Die Straße hört auf.	Normal laut tretend:
Wir kommen auf einen Feldweg."	„Wi-ir …"

Hebt die Hand suchend über die Augen.	Treten hört auf. Alle suchen: „Aber wo ist denn der Löwe?"
„Noch nichts zu sehen! Weiter!"	„Wi-ir …"
„Ein See! Wir müssen schwimmen!"	Schwimmbewegungen mit Prusten: „Wi-ir …
„Geschafft! Weiter!"	Wieder Treten: „Wi-iir …"
„Wir gehen über eine Holzbrücke!"	Schlagen auf die Brust oder auf Tischplatten: „Wi-ir …"
„Hohes Gras! Da müssen wir durch!"	Reiben im Takt die Handflächen gegeneinander: „Wi-ir …"
Pädagogin: „Geschafft! Weiter!"	„Wi-ir …"
„Der Löwe! Da ist er! Schnell zurück!"	Rückkehr ungeordnet und schnell in umgekehrter Reihenfolge:

Pädagogin gibt Bewegungen vor:

Trappeln	Trappeln
„Das Gras!"	Händereiben
„Die Holzbrücke!"	Brust- /Tischplatten-Trommeln
„Der See!"	Wenige Schwimmbewegungen
„Der Feldweg!"	Schnelles normal lautes Trappeln
„Die Straße!"	Schnelles lautes Trappeln
„Da, unser Haus! Schnell, alle rein!"	Rasendes Getrappel
Tür zu!" (Bums!) „Gerettet!"	Durchatmen. Keuchen.
	Dann:
	„Wir waren grad auf Löwenjagd. Er wird erst später umgebracht."

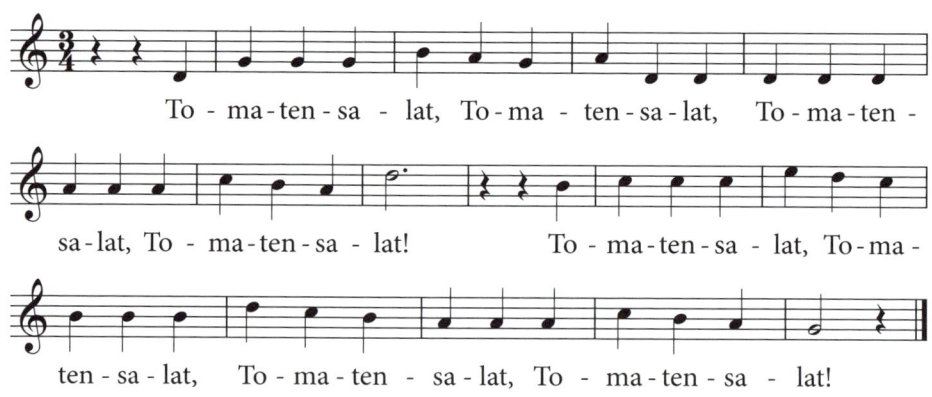

Tomatensalat

To - ma - ten - sa - lat, To - ma - ten - sa - lat, To - ma - ten -

sa - lat, To - ma - ten - sa - lat! To - ma - ten - sa - lat, To - ma -

ten - sa - lat, To - ma - ten - sa - lat, To - ma - ten - sa - lat!

Das altbekannte Lied ist rhythmisch schwierig, aber bei Kindern sehr beliebt, weil es „gegen den Strich" gesungen wird: Beim Singen wird nicht, wie beim Sprechen gewohnt, die zweite und fünfte Silbe des Worts betont. Vielmehr wird „stur durchgesungen", indem einfach immer der erste Schlag jedes Taktes betont wird. Um die Kinder daran zu gewöhnen, können Sie die betonten Silben stark überbetonen lassen. Zusätzlich Klatschen im Dreivierteltakt hilft sehr.

TO**MA**TENSA**LAT**, TOMA**TEN**SALAT, **TO**MATENSA**LAT**

Klatsch · · · Klatsch · · · Klatsch · · · Klatsch · · · Klatsch

„Wollen wir mal Tomatensalat machen?" Begeisterung wird's nicht geben.

„Lieber etwas mit Kartoffeln? Bitte sehr: „KAR**TOF**FELSALAT, KARTOF**FEL**SALAT…" haben wir ebenfalls im Programm.

Auch nicht recht? Dann vielleicht KAR**TOF**FELPÜ**REE** KARTOF**FEL**PÜREE? Das macht bei der Zubereitung auch weniger Mühe.

Wir können übrigens auf den „Tomatensalat" auch alle anderen Vokale singen. Das ist weniger fremdartig als die „Chinesen mit dem Kontrabass" – leichter obendrein: T**a**m**a**t**a**ns**a**lat, T**a**m**a**t**a**ns**a**lat …

☺ Euro-Klatsch

Einander gegenüberstehende Partner schlagen beim Sprechen wechselseitig in die offen ausgestreckten Hände:

Einen Euro in die *Hand* (in die offene Hand des anderen klatschen),
kannst du kaufen *Stadt* und **Land** (zwei Mal klatschen),
Haus und **Hof** und **Pferd** und **Kuh** (jedes Mal ein Klatsch),
etwas **Sch**önes noch dazu (Bei „Schö-" kräftiger Klatsch zum Schluss).

Idee nach Karl Simrock

☺ Millemillemeinchen

Millemillemeinchen, so heißt mein Meerschweinchen.
Kritzekratz heißt meine Katz',
Kunterbunt heißt mein Hund.
Millemillemeinchen, *(so heißt mein Meerschweinchen).*

Killekillekinchen, so heißt mein Kaninchen.
Rein-und-raus heißt meine Maus.
Zitternas heißt mein Has'.
Killekillekinchen, *(so heißt mein Kaninchen).*

Mein Schmusebär

Text und Melodie: Rose Götte

Mein Schmu - se - bär, wenn der nicht wär, so wär die gan - ze Welt so leer. Schläft bei mir ein, will zärt - lich sein, so sind wir bei - de nie al - lein.

Den Schmusebär geb' ich nicht her.
Ich will auch keinen andern mehr.
In dunkler Nacht halt ich ihn sacht,
bis morgen früh die Sonne lacht.

's ist viel zu heiß!

Idee und Melodie von Rose Götte

's ist viel zu heiß! 's ist viel zu heiß! Ich häng bloß rum und bleib im Haus, denn draußen hält's doch kein Schwein aus! Am ganzen Kör-per rinnt der Schweiß! 's ist …

viel zu heiß!

Kind jammert:	's ist viel zu heiß! 's ist viel zu heiß!
Mutter fragt:	Was machst du?
Kind jammert:	Ich häng bloß rum und bleib im Haus,
	denn draußen hält's doch kein Schwein aus!

Mutter fragt:	Wie geht's dir?
Kind jammert:	Am ganzen Körper rinnt der Schweiß!
	s' ist viel zu heiß!

Kind jammert:	's ist viel zu heiß! 's ist viel zu heiß!
Mutter:	Was machst du?
Kind:	Ich liege nur und schnaufe still.
	Ich weiß nur, dass ich gar nichts will.

Mutter:	Wie geht's dir?
Kind:	Mein armer Kopf dreht sich im Kreis.
	s' ist viel zu heiß!

Kind jammert:	's ist viel zu kalt! 's ist viel zu kalt!
Mutter fragt:	Was machst du?
Kind jammert:	Ich häng bloß rum und bleib im Haus,
	nicht mal den Hund jagt man da raus!

Mutter fragt:	Wie geht's dir?
Kind:	Ich glaube, ich erfriere bald!
	's ist viel zu kalt! 's ist viel zu kalt!

6. Zungentraining

🟢 Rhythmisch sprechen und singen

𝄾 heißt: Pause

● Es regnet auf die Brücke 𝄾 und ich 𝄾 werd 𝄾 nass. 𝄾
Ich hab noch was vergessen 𝄾 und weiß 𝄾 nicht 𝄾 was.

● **Ee**nichen **dee**nichen **Kör**be voll **Stee**nichen **krib**belte
krabbelte puff! (Ganz ohne Pause; „puff" so laut wie möglich,
dann langhallendes „fff")

● Eins, zwei, drei 𝄾 rische rasche rei 𝄾
rische rasche Plaudertasche eins 𝄾 zwei 𝄾 drei!

● Es stieg ein Kind auf einen Baum, 𝄾
o, so hoch, man sah es kaum! 𝄾
Kroch von Ast zu Äst 𝄾 chen, 𝄾
kroch zum Vogelnest 𝄾 chen. 𝄾
Hei, da lacht es, ei, da kracht es – plumps 𝄾
daaaa lagesunten! *(Schluss ganz schnell)*

● Ein 𝄾 Bage Bege Bige Boge Buge Pack 𝄾 pa 𝄾 pier. 𝄾
Zwei 𝄾 Bage Bege Bige Boge Buge Pack 𝄾 pa 𝄾 pier. 𝄾
Drei …

Rhythmisch ⸘ zu ⸘ sprechen. ⸘ Probieren ⸘ Sie ⸘ mal ⸘ die vorgeschla-genen Pausen. Falls das Kind mitmacht: Zählen bis 12.

Sehr reizvoll: Von Strophe zu Strophe allmählich steigern bis zum Zungensalat.

Sehr reizvoll ferner: Das Sprechen mit lockerem Fingertrommeln auf dem Tisch begleiten. Hier gibt es abermals zwei Möglichkeiten: Ein Schlag pro Silbe oder pro Wort.

Zu Vokalen siehe auch: S. 67 f., Vokale, und S. 83, Clownsprache).

⊘ Laut-Gedichte

Es geht in den folgenden drei Kapiteln noch nicht um konzentrier-tes Hinhören, sondern erst mal nur um die Freude am klar artiku-lierenden Sprechen.

> Georg Geissler über vorzeitiges Üben einzelner Laute:
> „Es ist unangebracht, ja geradezu widersinnig, Kinder, die noch kein Lautbewusstsein entwickelt haben, mit dem Üben von ein-zelnen Lauten zu quälen."

Das auf bestimmte Laute hinhorchende Sprechen wird im achten Praxiskapitel angeregt. Unterscheidung der verwandten Laute b und p (vgl. Seite 37 f.).

- Die graue Knibbel-Knabbel-Maus,
  die wohnt im Schnibbel-Schnabbel-Haus.
  Dorthin trägt sie die Schnippelchen,
  die Wurst- und Käsestippelchen
  und lässt ihr Kindchen krabbeln
  und an den Rindchen knabbeln.

- Meine Mu-, meine Mu-, meine Mutter schickt mich her,
  ob der Ku-, ob der Ku-, ob der Kuchen fertig wär.
  Wenn er no-, wenn er no-, wenn er noch nicht fertig wär,
  möcht' er blei-, möcht' er blei-, möcht' er bleiben, wo er wär!

- Meine Mi-, meine Ma-, meine Mutter liebt mich sehr.
  Niemand ni, niemand na, niemand anders liebt mich mehr.

- Meine Mama mag Mäuse. Mich hat sie so lieb.
  Manchmal sagt sie: „Mein Mäuslein!" Und ich sage: „Piep!"

- Auf dem Pippa-Ponzenberg wohnt die Pippa-Ponzenfrau.
  Ihre Pippa-Ponzentochter isst gern Pippa-Ponzenpapp,
  und den Pippa-Ponzenteller
  (anklagend zu rufen) leckt sie mit der Zunge ab!

- Auf den hohen Felsenklippen
  wohnen sieben Robbensippen,
  die sich in die Rippen stippen,
  bis sie von den Klippen kippen

🌀 Laut-Verse

- Eene, **weene**, **winne**, **wonne**, **wie**, **wo**, **weg!**

„Ganzheitliche Lautschulung" im vorigen Jahrhundert
„Auf ein **klares Lautbewusstsein** können Sprechen, Lesen und
Schreiben nicht verzichten. ... Zur ganzheitlichen Lautschulung
gehören Hören und Sprechen von Kinderreimen, die bestimmte Laute auffallend herausstellen." *(Ludwig Reinhard 1958)*

- Elleri selleri sibberi sarr, sibberi sabberi knull!

- Susi, sag mal „Süße Sahne", und dann sing mal „Saure Soße"!

- Zweiundzwanzig zierliche Zwerge zwicken zwei zeckige, zackige, zapplige Zwickelkrebse.

- Dreiunddreißig riesige Reiter ritten dreiunddreißigmal um das große, runde Rathaus.

- Eins, zwei, drei, rische, rasche, rei, rische, rasche, Plaudertasche, eins, zwei, drei!

Dieser schon oben vorgestellte Text kann auch unter dem Aspekt der Lautschulung sehr schön verwendet werden.

- Klitzekleine Kinder können keinen Kirschkern knacken.

- Es klapperten die Klapperschlangen, bis die Klappern schlapper klangen.

- Hinter Hermann Hannes' Haus hängen hundert Hemden raus, hundert Hemden hängen raus hinter Hermann Hannes' Haus.

- Hundert Hasen hoppeln stolz über hundert Hecken. Hinter hundert Haufen Holz woll'n sie sich verstecken.

- Neun Näherinnen nähen mit neunzig Nähnadeln neunzehn neue Netze.

- Tausend talentierte Tanten tanzen tausend Treppen krumm. Tausend talentierte Tanten fallen vor Erschöpfung um.

- Schnipper di schnapper di schnipper di schnapp:
  Schnall mal schnell die Schnallen ab!

- Kleine Schni Schna Schnattergänse
  schnattern schnick und schnack. *(sch und n hervorheben!)*

- Sieben Schneeschipper schaufeln schimpfend mit sieben
  schiefen Schaufeln Schnee.

- Schlafe schön im Schlafanzug, wenn der Mond schön
  scheint.

🌀 Abzählreime

- Entje dentje dittje dattje,
  zibberde bibberde bontje batje,
  zibberde bibberde bu – ab bist du!

- Ene, mene, ming - mang, knieptang, ting - tang,
  use, buse, ackedeier, eier, zweier, weg.

- Ene, mene, miste, es rappelt in der Kiste.
  Ene, mene, meck, und du bist weg.

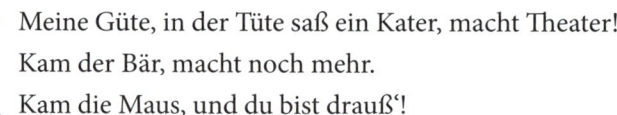

- Hexe Minka, Kater Pinka, Vogel Fu, 'raus bist du.

- Meine Güte, in der Tüte saß ein Kater, macht Theater!
  Kam der Bär, macht noch mehr.
  Kam die Maus, und du bist drauß'!

- Eins, zwei, drei, fimmelti, fammelti, fei!
  Fimmelti, fammelti, fummelti, Haus:
  Wer nicht zählen kann, fliegt raus!

- Wir machen keinen langen Mist ⸮ und du bist.

- Enne denne dubbe denne dubbe denne dalia,
  du muss weg und ich bleib da!

Laute bewusst hören und sprechen

Allerlei Laute

Grundregel: Alles Rätselartige „kommt an"!

 „Ich sehe was, was du nicht siehst!"

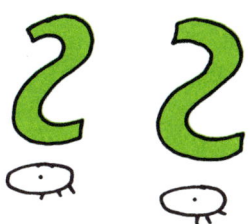

„Es ist in diesem Zimmer und fängt mit T an."
„Das ist an mir und fängt …"

Großer Vorteil dieses und des nächsten Spiels: Das Kind kann auch
Ihnen Rätsel stellen.

◉ „Ich denk an was, woran du nicht denkst"

„Das gibt es in der Schule. Es fängt mit M an."
„Das gibt es auf der Straße."
„Das gibt es am Auto." usw.

◉ Menschen, Tiere und Sachen raten

Erwachsener und Kinder nennen einander jedes Mal drei Namen.

Erw.: „Ich war im Zoo. Da hab ich ein Tier mit L gesehen: **T**iger, **S**eehund, **L**öwe. Welches war es?"

Kind 1: „Löwe! Ich war auf der Straße. Da habe ich etwas mit PF gesehen: **O**pel, **Pf**laster, **P**olizist."

Kind 2: „Pflaster! Und ich hab gerade an den Weltraum gedacht. Da dachte ich an A: **A**stronaut, **K**omet, **S**tern …"

Kind 1: „Astronaut! Und ich hab ein Fußballspiel gesehen …"

◉ Namen verstecken

Erw.: „Ich sage vier Namen. Einer ist anders als die anderen: **H**und, **H**immel, **H**ase, **N**ase."

Kind 1: „Nase ist anders! Jetzt sage ich vier Namen. Einer ist anders als die andern: **P**opo, **F**ritz, **P**apa, **P**ost …"

🌀 „Clownsprache"

Erw. am ‚A-Tag': „Amil! Wenn du jetzt aufs Kla gehst, machst du dir aber hinterher die Hase wieder zu, nicht?"

Erw. am ‚U-Tag': „Fulux! Es ist suben Uhr! Du musst endlich ins Butt!"

Kind: „Aber nur, wenn ich dann noch lusen darf!"

Sehen Sie auch die anderen Vorschläge zum Laute-Horchen an: S. 87 ff.

🌀 Babynamen suchen 2
(Schwierigere Variante von Babynamen suchen 1 auf Seite 53)

Sehr viel schwieriger als mit Anfangssilben und nur für Fortgeschrittene lösbar wird die Sache, wenn Sie lediglich die Anlaute nennen. (Bitte beachten Sie unbedingt den Hinweis bei „Richtig lautieren ist selten" auf Seite 40 f.) Wählen Sie dann Namen mit lang anhaltend zu sprechenden Anlauten wie R, F, I, L, M, N, O usw. So: MMMM für *Max*.

🌀 „Rätsel-Sprechen", „Rätsel-Namen" ... (Dehnlesen)

Das Kind soll einzelne Wörter verstehen, obwohl jeder Laut anhaltend gedehnt gesprochen wird. (Zum Problem siehe Seite 36 ff.) Hierfür sind nur Wörter ohne Verschlusslaute und Hauchlaute geeignet. Auch auf die Endungen –en, –er, -el usw. sollten Sie verzichten.

Beispiel: EEEMMMIIILLL = Emil. Eine kleine Auswahl:
Mädchen: Lena, Lara, Leonie, Emily, Laura, Sara, Marie, Julia, Lisa, Alina, Sofia, Paula || **Jungen:** Felix, Jonas, Julian, Jan, Elias, Moritz,

Simon, Justin, Alex, Florian, Daniel || <mark>**Türkische Namen, Mädchen:**</mark> Amina, Ayse, Gülse, Nermin, Pinar, Sumaika, Meryem, Sema, Serap || <mark>**Türkische Namen, Jungen:**</mark> Ali, Dursun, Erkan, Ismail, Osman, Yasar, Yusuf || <mark>**geschlechtsneutral:**</mark> Ismet, Arsal, Yasar, Salama, Güral

Konsonantenhäufungen

Viele Kinder können Konsonantenhäufungen nicht korrekt sprechen. Meistens sind die Gründe – etwa eine entwicklungstypische Vereinfachung der Aussprache – banal, und der Logopäde muss nicht bemüht werden. Für alle diese Fälle folgen hier ein paar Maßnahmen. Falls die allerdings auch nach Monaten nicht fruchten, sollten Sie sich an den Sprachheildienst wenden. Jedes Schulamt und jedes Gesundheitsamt gibt Auskunft.

Lassen Sie sich etwas einfallen, wie Ihr Kind bei guten Fortschritten bestärkt und bei geringen ermutigt wird. Jedenfalls ist es nicht nötig, das Lernbegehren zu verkleiden. „Das solltest du üben, damit dich jeder versteht" gibt dem Kind auch Verantwortung für sein eigenes Lernen. Und vielleicht fällt Ihnen zu den Vorschlägen unten noch der eine oder andere bessere Satz ein.

Gelegentlich gelingt dem Kind die Artikulation leichter, wenn es erst mal ein a einbaut: „Faliegen faliegen hinter Faliegen her. Faritz und seine Fareunde …"

FL

- Wenn Fliegen hinter Fliegen fliegen, ⸮ fliegen Fliegen hinter Fliegen her.

- Ruhig fließt der Fluss. ⸮ Flinke Fische flitzen darin mit blitzenden Flossen.

KN

- Knusper, knusper Knäuschen …

- Knix, knax, knux, wir machen gerne Jux.
  Knux, knax, knix, bei uns geht alles fix.

FR

- Fritz und seine Freunde freuen sich Freitag früh
  über frische Brötchen zum Frühstück.

- Frau von Hagen, darf ich fragen, welchen Frackrock sie
  getragen Freitagnacht vor sieben Tagen?

KR

- Doch die Käfer, kritze, kratze,
  krabbeln schon aus der Matratze.

- Kreisel, Kreisel, guckt euch an,
  wie der Kreisel kreiseln kann!

KL

- Es klapperten die Klapperschlangen,
  bis die Klappern schlapper klangen.

- Klavier, Klavier, Klafünf,
  wer klettert auf den Klippen
  ganz ohne Kleid und Strümpf?

BR

- Bribbel, brobbel, brubbel, brabbel,
  Brabbelberta halt den Schnabel!

- Brummelhummel, wie sie brummt,
  und die Brennnessel umsummt!

BL

- Blau, blau, blau sind alle meine Kleider …

- Blätterfall, Blätterfall, blaue Blüten überall.

- Blaukraut bleibt Blaukraut und Brautkleid bleibt Brautkleid.

DR

- Dreiunddreißig Drachen drängeln sich
in der dreckigen Drachenhöhle.

- Dreiunddreißigtausenddreihundertdreiunddreißig

TR

- Trippel, trappel, trum – die Trixi tritt die Treppe krumm!

- Unser Trainer hat's probiert, hat beim Training mitrainiert
und den Ball auch gut getroffen – woll'n wir hoffen.

SCHN

- Kleine Schni-, Schna-, Schnattergänse
schnattern schnick und schnack.

- Schneller Läufer Schnippeschnapp,
schnall mal schnell die Schnallen ab!

Spiele in der Gruppe und zum Kindergeburtstag

 Lautspiele

● **Wer bin ich?**

In der Mitte des Sitzkreises sitzt ein Kind, die Augen geschlossen, das Gesicht in einem Kissen auf den Knien. Ein anderes tippt das Kind in der Mitte auf den Rücken und spricht mit verstellter Stimme irgendwelche Wörter, die mit L beginnen. Zum Beispiel: „Löffel, Lampe, Laus. Mein Name fängt genauso an. Wie heiße ich?"
Wenn das Kind, das z. B. Lukas heißen könnte, wieder auf seinem Platz sitzt, sieht das Kind in der Mitte auf. Dreimal darf es raten, wer das Kind mit L gewesen ist. Gelingt es, werden die Rollen getauscht. Wenn nicht, hat Lukas einen weiteren Versuch.

● **Konzert**

Ein Kind geht vor die Tür. An die anderen Kinder werden paarweise Laute verteilt, die anhaltend hörbar gesprochen werden können. Infrage kommen: die Vokale A, E, I, O, U, dazu F, L, M, N, R, S, ß, W, Z. Nele und Marie zum Beispiel werden eine Zeitlang das O anhaltend sprechen, nur durch Luftholen unterbrochen. Mia und Max z. B. werden das R sprechen usw.

Nun kommt das Kind von draußen herein und in die Kreismitte. Auf ein Zeichen beginnen alle Kinder gleichzeitig für eine begrenzte Zeit ihren Laut zu sprechen. Das Kind in der Mitte versucht zwei Kinder zu finden, die den gleichen Laut sprechen.

● Reisen nach Afrika

Für Fortgeschrittene: Die Kinder brauchen Zeit, sich etwas zu überlegen; und fällt einem nichts ein, gibt es das Wort einfach weiter.

Die Kinder sitzen im Kreis. Das erste stellt sich vor: „Ich heiße Sandra, fahre nach Afrika und nehme einen Seelöwen mit." Nun macht ein anderes Kind weiter: „Ich heiße Dorit, fahre nach Australien und nehme einen Dackel mit."
Ein drittes Kind fährt fort: „Ich heiße Meike, fahre nach Poppelsdorf und nehme einen Mistkäfer mit."

● Alle Sachen fliegen hoch

Alle sitzen im Stuhlkreis, bereit für die Variation des bekannten Spiels. Sie erklären: „Bei diesem Spiel darf alles fliegen – nur nicht, was mit A anfängt."
Sie beginnen: „Alle Vögel fliegen hoch!" Die Hände gehen hoch, weil „Vögel" nicht mit A anfängt. Auch bei garantiert flugunfähigen Objekten wie Theater, Küche oder Gebirge gehen die Hände hoch.
Aber bei Amseln und Adlern bleiben sie ebenso unten wie bei Affen, Arbeitern und Ampeln.

Vorschlag: Hände dürfen erst auf Ihr Kommando nach einer kurzen Bedenkzeit hochfliegen: Die Kinder brauchen eine Sekunde Zeit zum murmelnden Abhorchen.

● Das Namen-Anlaut-Spiel (L-Spiel, R-Spiel …)

Mutter: „Ich nenne jetzt Namen von Kindern. Wenn ein Name mit R anfängt, springt auf!" (klatscht, nickt mit dem Kopf, legt die Lieblingshand auf den Rücken …)

- **Hereinlege-Spiel**

Sie sagen: „Ihr nennt mir irgendeinen Namen. Den wiederhole ich. Aber manchmal mache ich Fehler. Ich habe nämlich zu viel Kindergeschrei um die Ohren gehabt und höre nicht mehr richtig. Wenn ich den Namen richtig wiederhole, klatscht ihr. Wenn ich falsch gehört habe, ruft laut ,Buuu!'"

Tim: „Zimmer!"
Sie: „Zimmer!"
Kinder klatschen.
Lea: „Nase!"
Sie: „Hase!"
Kinder: „Buuu!"

- **Wörter-Kette:**

Reihum sagt jedes Kind seinen Namen und irgendein Wort, das den gleichen Anlaut hat.

Max: „Max, Mauer." Emily: „Elisa, Esel." Und so weiter.

Problem: Bei der nächsten Runde muss es ein neues Wort mit dem gleichen Anlaut sein.

- **Mit Rhythmen umgehen**

Weitere Ideen finden Sie bei „Silben klatschen" ab Seite 54.

- **Mutter, darf ich reisen?**

Ein Kind (die „Mutter") steht 10 bis 15 Kinder-Schritte vor der Reihe aller anderen Spieler. Ein Kind fragt: „Mutter, Mutter, wohin darf ich reisen?" Darauf antwortet Mutter etwa: „Nach Berlin." Das Kind muss nachfragen: „Darf ich wirklich?" Mutter: „Ja." Jetzt darf das Kind, Silben sprechend, zwei Schritte auf die Mutter zugehen: „Ber-lin!" Vergisst es die Nachfrage „Darf ich wirklich?", muss es auf die Grundlinie zurück.

Nun ist ein anderes Kind an der Reihe. Und so weiter. Das Fortkommen hängt von Gunst oder Ungunst der „Mutter" ab.

„Bonn" ist schlecht, „Han-no-ver" besser, „Bad Wö-ris-ho-fen" sehr gut (natürlich nur im Hinblick auf die Silbenzahl …).

Das Kind, das die „Mutter" zuerst erreicht, ist die neue „Mutter".

● Lieder klatschen

Reihum klatscht jedes Kind (das mag) ein Lied. Ein Kind beginnt und klatscht z. B. „Hänschen klein". Das Kind, das als Erster die Lösung hat, darf nun klatschen.

● Silbensalat

Ein Kind wartet vor der Tür. Die „Mutter" stellt den Kindern ein mehrsilbiges Wort vor. Etwa: GEWITTERSTURM. Die Kinder klatschen zwei Mal leise sprechend das Wort. Dann wird reihum jedem Kind (mitsprechend) eine der Silben zugeteilt. Ein erste Gruppe klatscht z. B. GE …, die letzte STURM. Dann murmeln alle mal zur Probe. Das Kind von draußen kommt rein. Auf ein Zeichen der Mutter sprechen alle gleichzeitig dauernd und in normalem Sprechtempo hintereinander ihre Silbe. Das Wort „GEWITTERSTURM" ist was für Spitzenkräfte! „O-FEN" und AU-TO sind viel leichter.

● Gleichschritt-Polonaise

Während der Polonaise durch alle Zimmer wird im Takt des Gehens gesungen. Vielen Kindern fällt das schwer! Da muss man beide Augen zudrücken. Nicht lehren! Das „kommt von selbst". (Aber es dauert!)

Silben zählen

Die Kinder überlegen einen Anlass zum Silbenzählen. Dazu sollten sich Gruppen bilden. Welche Gruppe singt der anderen etwas vor? Welche muss auf allen Vieren laufen? Welche auf einem Bein hüpfen? Welche die andre ausschimpfen? Ihr eine Liebeserklärung machen?

Welche Gruppe muss auf die Straße und laut rufen: „Hilfe, eine Maus!"? Um das herauszufinden, werden die Kinder willkürlich in zwei (drei? vier?) gleichgroße Gruppen eingeteilt. Bei einer ungeraden Zahl zählen Sie mit.

Jetzt addieren wir alle Namenssilben der beiden Gruppen. Jedes Kind sagt in Silben seinen Namen. Alle zählen mit.

Was müssen das für Bäume sein?

Was müssen das für Bäume sein, wo die großen
Eleeefanten spazieren geh'n, ohne sich zu stoßen?

Vor dem Genuss kommt das Üben! Lechts und Rings wird dauernd
verwechselt. Jedes Kind sitzt oder steht, wo es will.
Schlagt auf euer linkes Bein! Schlagt auf euer rechtes Bein!
Rechtes Bein hoch!
Jetzt geht's los! Wir treten auf der Stelle, ohne zu gehen.

Was müssen das …

Was **müs**sen **das** für **Bäu**me **sein**,
　　rechts　　rechts　　rechts　　rechts

Die Kinder üben immer wieder auf der Stelle. Begleitet von Ihrer
Trommel oder einem anderen Schlaginstrument. Solch erinnerndes
Üben ist sicherlich vor jeder Aufführung von neuem nötig.

Wenn die Kinder diesen Teil des Liedes beherrschen, folgt die Fortsetzung:

Links sind Bäume, rechts sind Bäume,
in der Mitte Zwischenräume,
wo die großen Eleeefanten spazieren gehen,
ohne sich zu stoßen.

Dass der Höhepunkt noch bevorsteht, wissen die Kinder nicht:
Wenn das Stampfen im Rhythmus einigermaßen klappt, machen
wir eine Polonaise daraus. Jedes hat die Hände auf den Schultern
des vorhergehenden. Das Kind an der Spitze kriegt irgendetwas
Längliches, das wir zum Rüssel ernennen.
Wenn's einigermaßen klappt, lassen wir die Polonaise um „Bäume"
(Stühle…) herumgehen, an denen sich die Kinder nicht „stoßen".
Siehe auch: Tomatensalat, S. 72

Anmerkungen

1   Seite 352

2   Bundesministerium für Bildung und Forschung in: www.ifs.uni-dortmund.de/iglu2006

3   IGLU-Studie

4   Linguisten und Psychologen in Hörsälen und Seminaren lehnen den Begriff als nicht objektivierbar ab. Des ungeachtet verfügen wir alle über das allgemeine Sprachgefühl. In der US-Literatur wird mit Verständnis und Zustimmung auf unser „Gefühl" verwiesen: „Each language has its own personality, what the Germans call Sprachgefuhl" (Bjorn Sletto); „a sprachgefuhl for phrasing and word selection" (Free English On-line Dictionary); „Linguists call it phonaestetics; Germans call it Sprachgefuhl" (Language Geek, Archive, September 2007).

5   hier wiedergegeben nach der Auflage von 1972 (Seite 22)

6   Eva-Maria Lankes, Hochschul-Professorin und Projektleiterin der großen IGLU-Untersuchung, in der Süddeutschen Zeitung Nr. 20/2004: „Die soziale Ungerechtigkeit wird in der Grundschule zementiert."

7   Das ist vielfach bestätigt, neuerdings u.a. in Klicpera & Gasteiger-Klicpera, vor Jahrzehnten aber bereits durch Adolf Kossakowskis große Untersuchung.

8   2005, Seite 179

9   in: Balhorn 2002

10   2006, Seite 16

11   Rose Götte, Seite 19

12   Seite 19

13   Seite 6

14   Erste Schlussfolgerung

15   Martschinke … Seite 8

16   Seite 14

17   am 10.4.2003 in: Die Zeit, Nr. 16/2003

18   Rose Götte bot 1977 (!) runde hundert „Übungen zur Verbesserung der Artikulation" an.

19   Brumme, Seite 32

20   Seite 52

21   Rahmenplan Bremen, Seite 20

22   Siehe bei Vester in dessen Teil I: „Grundmuster und individuelles Lernen"

23   Doman, Lückert, Kratzmeier, Walter …

24   Es gibt in der Theorie des Leseunterrichts eine Fan-Kultur, die an Rechthaberei der des Fußballs nicht nachsteht und gelegentlich wie eine Ansammlung von Ideologien daherkommt. Vielfach wird ein Abrakadabra veranstaltet mit Massen von Zusatzmaterial, das oft nicht nur überflüssig ist, sondern das Lernen sogar hemmt. Dann ist höchstes Misstrauen angebracht.

25   Genau genommen gibt es manchmal einen Buchstaben für zwei oder mehrere verschiedene Laute. Dazu später etwas mehr.

26   Lassen Sie sich von der kleinlichen Diskussion, die manche Lese-Fachleute führen, nicht verwirren. Zum Lesenlehren gibt es ganze Regale voller philosophierender Abhandlungen und Glaubensbekenntnisse. Die überdecken leicht, dass es über die beiden zentralen Aufgaben (fast) keine Meinungsverschiedenheiten gibt.

27   Seite 146

28   Seite 134

29   Man ist versucht zu sagen, dass Angehörige dieses Berufsstandes dabei sind, die Folgen des leichtfertigen Geredes von der „Legasthenie" zu beenden, das ihre Kolleginnen und Kollegen zu verantworten haben.

30   Oerter/Montada, S. 539

31   Rudolf Kretschmann und Werner Schulte ermittelten 2003 und 2004 bei Sprachstandserhebungen von fünfjährigen Bremern 15% der Kinder als förderbedürftig. Wie viele Kinder trotz unauffälligen Sprachstands über keine hinreichende „phonologische Bewusstheit" verfügten, wurde nicht ermittelt.

32   Bernhard Bosch, Seite 93

33   Seite 69

34   Seite 148

35   Seite 29

36   Seite 14

37   Seite 31

38   U. a. Küspert/Schneider, Forster/Martschinke, Barth/Gomm, Bielefelder Screening von Jansen …

39   Das wissen erfahrene Leselehrerinnen und -lehrer seit Jahrzehnten. Aber Tausende von Therapeuten und „Therapeuten" haben Jahrzehnte lang immer nur die Kinder untersucht, nicht die Umstände ihres Lernens. Und viele tun es immer noch.

40   Küspert 1998, Barth/Gomm 2004. Umso unverständlicher ist die kinderschädigende Ignoranz der weitaus meisten Bundesländer, die angemessene Lern- und Lehrbedingungen trotz der Erkenntniswelle unserer Zeit schlicht verweigern. Sie setzen statt dessen mehr auf Kontrollen der Lehrenden, vulgo: Druck auf Lehrerinnen und Lehrer.

41   Seite 105

42   Seite 338

43 Manfred Spitzer, Seite 246
44 u.a. Seite 258
45 Hans Hörmann, Seite 69
46 Seite 43
47 Seite 86
48 Seite 34
49 Die heißen so, weil der Luftstrom beim Sprechen unterbrochen wird. Beim B unterbrechen die geschlossenen Lippen. Beim G ist der Luftstrom schon im Rachen verschlossen, beim D tut es die Zunge hinter den Zähnen.
50 Seite 247
51 Seite 301
52 Campe, Joachim Heinrich: Abeze- und Lesebuch. Reihe: Die bibliophilen Taschenbücher. Dortmund: Harenberg Kommunikation 1979 (Original: Braunschweig 1830)
53 Seite 20
54 Einige Ideen sind zu regelrechten Methoden ausgebaut. Am bekanntesten ist die sogenannte Koch'sche Fingerlesemethode. Auch innerhalb von Rudolf Steiners Bewegungskunst Eurhythmie hat eine seiner Mitarbeiterinnen eine Darstellung von Lauten erarbeitet.
55 Band 2, Seite 71
56 Bayern hat sich in der 4. Durchführungsverordnung zu seinem Kindergartengesetz (2004, baykibig.pdf), von dem bis dahin geltenden gesetzlichen (!) Verbot der Leseinstruktion verabschiedet.
57 Seite 21. Wer jemals Kindern geholfen hat, Lesen zu lernen, weiß, dass hier fast stets durch falsche Lautierung das spätere Lesenlernen nicht vorbereitet, sondern außerordentlich erschwert wird.
58 Hans Hörmann, S. 162
59 Vorschulkinder, die sinnerfassend lesen, ohne dass es sie gelehrt worden wäre
60 Ludwig Liegle, S. 17
61 1991, S. 306
62 Frühleser und „Fast-Frühleser" sind keineswegs intellektuell überdurchschnittlich ausgestattet, sondern stammen aus allen Begabungsniveaus, sodass ihnen eine „relative Begabungsunabhängigkeit" attestiert wird (Neuhaus-Siemon 1993, S. 105)
63 Seite 95. In dieser Untersuchung galten als Frühleser Kinder, die alle Buchstaben kannten und „fremde dreibuchstabige Wörter erlesen konnten".
64 2006, Seite 206
65 Idee: Rose Götte

Literatur

Andresen, Ute, und Monika Popp: ABC und alles auf der Welt. Pädagogische Arbeitsstelle; Ravensburg: Otto Maier 1988

Andresen, Ute, und Monika Popp: ABC und alles auf der Welt. Ein Lese-Schatz-Buch; Weinheim: Beltz und Gelberg 2002

Balhorn, Heiko: Überall und nirgends. Vom lustvollen Umgang mit Sprache. In: Balhorn, Bartnitzky, Büchner, Speck-Hamdan (Hg.): Schatzkiste Sprache 1. Von den Wegen der Kinder in die Schrift. Beiträge zur Reform der Grundschule, Band 104. Frankfurt/Main: (Grundschulverband/Deutsche Gesellschaft für Lesen und Schreiben) 1998

Balhorn, Heiko, und Horst Bartnitzky, Inge Büchner, Angelika Speck-Hamdan (Hrsg.): Sprachliches Handeln in der Grundschule. Schatzkiste Sprache 2. Frankfurt am Main: (Grundschulverband/Deutsche Gesellschaft für Lesen und Schreiben) 2002

Barth, Karlheinz, und Berthold Gomm: Gruppentest zur Früherkennung von Lese- und Rechtschreibschwierigkeiten – Arbeitsheft, Phonologische Bewusstheit bei Kindergartenkindern und Schulanfängern (PB-LRS). München: Ernst Reinhardt 2004

Bielefelder Screening: *siehe Jansen*

Bleidick, Ulrich: Lesen und Lesenlernen unter erschwerten Bedingungen. N D S-Verlagsgesellschaft (1966), Essen ³1972

Bosch, Bernhard: Grundlagen des Erstleseunterrichts (1937); Ratingen: Henn ³1961

Breuer, Helmut, und Maria Weuffen: Gut vorbereitet auf das Lesen- und Schreibenlernen? Berlin: VEB Deutscher Verlag der Wissenschaften ⁶1986

Breuer, Helmut, und Maria Weuffen: Lernschwierigkeiten am Schulanfang. Weinheim: Beltz ⁷2006 (mit Einbeziehung der Deutschland-West-Fachliteratur von Grund auf neu bearbeitete Fassung der 6. Auflage des DDR-Titels; aber ohne das Sachregister)

Brügelmann, Hans: Kinder auf dem Weg zur Schrift. Eine Fibel für Lehrer und Laien. Konstanz: Faude 1983

Brumme, Gertrud-Marie: Muttersprache im Kindergarten. Ein Beitrag zu den Aufgaben und Methoden der Spracherziehung in der älteren Gruppe. Berlin (DDR): Volk und Wissen 1970

Bründel, Heidrun, und Klaus Hurrelmann: Chancen des Kindergartens nach PISA. In: Frühe Kindheit – die ersten sechs Jahre. 05/03

Dathe, Gerhard: Einführung in die Methodik des Erstleseunterrichts. Berlin (DDR): Volk und Wissen 1968

Doman, Glenn: Wie kleine Kinder lesen lernen. Hgg. von Heinz-Rolf Lückert. Freiburg: Hyperion ³1967

Elschenbroich, Donata: Strahlende Intelligenz. Der Kindergarten als basale Bildungseinrichtung. In: Arbeitsstab Forum Bildung: Erster Kongress Forum Bildung: Bonn 2000

Faust-Siehl, Gabriele: Schulanfang ohne Umwege. Darin u. a.: Die neue Schuleingangsstufe in den Bundesländern. Grundschulverband: Frankfurt/Main 2001

Forster, Maria, und Sabine Martschinke: Leichter lesen und schreiben lernen mit der Hexe Susi. Übungen und Spiele zur Förderung der phonologischen Bewusstheit. Band 1. Donauwörth: Auer 2001; Band 2: ⁶2008

Fthenakis, Wassilios (Hg.): Elementarpädagogik nach PISA. Wie aus Kindertagesstätten Bildungseinrichtungen werden können. Freiburg – Basel – Wien: Herder 2003

Geissler, Georg: Das Problem der Unterrichtsmethode in der pädagogischen Bewegung. Weinheim: Beltz 1970

Gisbert, Kristin: Wie Kinder das Lernen lernen. Vermittlung lernmethodischer Kompetenzen. In: Fthenakis, Elementarpädagogik

Götte, Rose: Sprache und Spiel im Kindergarten. Handbuch zur Sprach- und Spielförderung mit Jahresprogramm und Anleitung für die Praxis. Band 22 der Reihe *Theorie und Praxis der Schulpsychologie*. Weinheim und Basel: Beltz ⁵1984

Hein-Ressel, Hilke C.: Frühes Lesenlernen als Prophylaxe des Leseversagens? Frankfurt/M – Berlin usw.: Peter Lang 1988.

Hörmann, Hans: Psychologie der Sprache. Verbesserter Neudruck. Berlin – Heidelberg – New York: Springer 1970

IGLU-Berichte: *siehe* iglu-www.ifs-dortmund.de/assets/files/iglu06_band2.pdf; Bundesministerium für Bildung; www.ifs.uni-dortmund.de/iglu2006/

Jansen, H., und G. Mannhaupt, H. Marx und H. Skowronek: Bielefelder Screening zur Früherkennung von Lese-Rechtschreibschwierigkeiten (BISC); Göttingen: Hogrefe ²2002

Karstädt, Otto: Lesenlernen im ersten Schuljahr. Reihe Lernen und Lehren (methodische Schriften für lernende Lehrer). Berlin: Volk und Wissen 1947

Kern, Artur: Praxis des ganzheitlichen Lesenlernens. Freiburg: Herder ¹²1964, ©1959

Klicpera,Ch. & Gasteiger-Klicpera,B.: Psychologie der Lese- und Schreibschwierigkeiten. Entwicklung, Ursachen, Förderung. Weinheim: Beltz, 1995

Kossakowski, Adolf: Wie überwinden wir die Schwierigkeiten beim Lesen- und Schreibenlernen, insbesondere bei Lese-Rechtschreibeschwäche? Berlin (DDR): Volk und Wissen 1961

Kretschmann, Rudolf: Lesen, Schreiben, Rechnen – schon im Kindergarten? in: Wehrmann, Ilse: Zukunft der Kindergärten, Kindergärten der Zukunft. Weinheim: Beltz 2003

Küspert, Petra, und Wolfgang Schneider: Hören, lauschen, lernen. Sprachspiele für Kinder im Vorschulalter. Würzburger Trainingsprogramm zur Vorbereitung auf den Erwerb der Schriftsprache. Göttingen: Vandenhoek & Ruprecht ⁵2006

Liegle, Ludwig: Bildungskulturen im Kindergarten. In: Frühe Kindheit – die ersten sechs Jahre. 05/03, Seite 16–19

Lundberg, Ingvar, und Jorgen Frost und Oke-Peter Petersen: Effects of an Extensive Program for Stimulating Phonological Awareness. In: Reading Research Quarterly, Vol. 23, Nr. 3, 1988, S. 263–284

Mannhaupt, Gerd: Münsteraner Trainingsprogramm zur Förderung der phonologischen Bewusstheit für den Schulanfang. Berlin: Cornelsen 2006

Martschinke, Sabine, und E. Kirchhock und A. Frank: Rundgang durch Hörhausen. Erhebungsverfahren zur phonologischen Bewusstheit. Diagnose und Förderung im Schriftspracherwerb. Donauwörth: Auer 2001

Martschinke, Sabine, und Gisela Kammermeyer, Monica Kind und Maria Forster: Anlaute hören, Reime finden, Silben klatschen. Donauwörth: Auer 2005

Meiers, Kurt: Die Praxis des Erstleseunterrichts. Analyse, Konsequenzen für die Praxis. Band 18 der Reihe Monographien Pädagogik. Kronberg/Ts.: Scriptor 1977

Montessori, Maria: Selbsttätige Erziehung im frühen Kindesalter. 9.–12.Tsd. Stuttgart: Julius Hoffmann o.J. (1926)

Müller, Heinrich: Methoden des Erstleseunterrichts und ihre Ergebnisse. Ein empirischer Beitrag zum Vergleich des ganzheitlichen und lautsynthetischen Lehrverfahrens. Meisenheim: Anton Hain 1964

Neuhaus-Siemon, Elisabeth: Frühleser – Ergebnisse einer Fragebogen-Erhebung in den Regierungsbezirken Unterfranken und Köln. In: Zeitschrift für Pädagogik 37 (1991)

Neuhaus-Siemon, Elisabeth: Frühleser in der Grundschule. Leseleistung, Lesegewohnheiten und Schulerfolg. Stuttgart: Klinkhardt 1993

Oerter, Rolf, Montada, Leo: Entwicklungspsychologie. München-Wien-Baltimore: 1982

Otto, Berthold: Mutterfibel. Leipzig: Schäffer 1903

Radigk, Werner: Lesenlernen ohne Versagen? Ein Grundschulversuch zum Problem der Legasthenie. Unter Mitarbeit von Rosemarie Knebel und Uwe Bruns. Hannover, Dortmund, Darmstadt, Berlin: Schroedel 1978

Rühmkorf, Peter: agar agar – zaurzaurim, Zur Naturgeschichte des Reims und der menschlichen Anklangsnerven. Hamburg: Rowohlt 1985

Rühmkorf, Peter: Über das Volksvermögen. Exkurse in die literarischen Untergrund. Reinbek bei Hamburg: rororo 1969

Schäfer, Gerd E.: Bildungsprozesse im Kindesalter. Selbstbildung, Erfahrung und Lernen in der frühen Kindheit. Weinheim und München: Juventa ³2005

Schmalohr, Emil: Psychologie des Erstlese- und Schreibunterrichts. München/Basel: Ernst Reinhardt 1971

Schwartz, Erwin: Der Leseunterricht. Band 1: Wie Kinder Lesen lernen. Braunschweig: Westermann 1964

Sennlaub, Gerhard: Frühleseversuch mit Dorfkindern. In: Begabung und Lernen im Kindesalter, Band 1; Frankfurt/Main: Arbeitskreis Grundschule 1970

Sennlaub, Gerhard: Spaß beim Lesenlernen oder Leseerziehung? Stuttgart: Kohlhammer 2004

Souvignier, Elmar: Hören, lauschen, lernen – Sprachspiele für Kinder im Vorschulalter. In: Langfeldt, H.P. (Hg.): Trainingsprogramme zur schulischen Förderung. Weinheim: Beltz 2003, S. 85–106.

Spitzer, Manfred: Lernen – Gehirnforschung und die Schule des Lebens. Heidelberg – Berlin: Spektrum Akad. Verlag 2002

Spitzer, Manfred: Musik im Kopf: Hören, musizieren, verstehen und erleben im neuronalen Netzwerk; Stuttgart: Schattauer 2005

Tolstoj, Leo N.: Pädagogische Schriften. 2 Bände. Leipzig: Eugen Diederichs 1907 (Original 1862)

Vester, Frederic: Denken, Lernen, Vergessen. Stuttgart: DVA 1975

Walter, Karlheinz: Kleine Kinder lernen lesen, schreiben, rechnen. Duisburg: Walter Braun 1968

Wittmann, Johannes: Theorie und Praxis eines ganzheitlichen, analytisch-synthetischen Unterrichts ... Potsdam: Müller & I. Kiepenheuer, zweite, erweiterte Auflage 1933

Ziesche, Ulrike, und Silke Gebauer-Jorzick: Qualitätswerkstatt Kita – Bildungsprozesse in Kindertagesstätten. Neuwied – Kriftel – Berlin: Luchterhand 2002

Bildungspläne von Bundesländern

Grundlagen: Beschluss der Jugendministerkonferenz vom 13./14.05.2004 und Beschluss der Kultusministerkonferenz vom 03./04.06.2004

Im Internet unter: http://www.bildungsserver.de/zeigen. html?seite=2027 (Stand Juni 2009)

Baden-Württemberg: Orientierungsplan für Bildung und Erziehung in Tageseinrichtungen für Kinder in Baden-Württemberg, Pilotphase 2003 bzw. 2006; Handreichung zur Sprachförderung in der Grundschulförderklasse unter besonderer Berücksichtigung des Migrantenhintergrundes, 2003

Bayern: Der Bayerische Bildungs- und Erziehungsplan für Kinder in Tageseinrichtungen bis zur Einschulung, 2006

Berlin: Das Berliner Bildungsprogramm für die Bildung, Erziehung und Betreuung von Kindern in Tageseinrichtungen bis zu ihrem Schuleintritt, 2003

Brandenburg: Grundsätze elementarer Bildung in Einrichtungen der Kindertagesbetreuung im Land Brandenburg, 2004

Bremen: Rahmenplan für Bildung und Erziehung im Elementarbereich, 2004

Hamburg: Hamburger Bildungsempfehlungen für die Bildung und Erziehung von Kindern in Tageseinrichtungen, 2005

Hessen: Bildung von Anfang an. Bildungs- und Erziehungsplan für Kinder von 0 bis 10 Jahren in Hessen, 2007

Mecklenburg-Vorpommern: Entwurf: ... pädagogische Arbeit mit Fünfjährigen in Kindertageseinrichtungen des Landes Mecklenburg-Vorpommern, 2004

Niedersachsen: Orientierungsplan für Bildung und Erziehung im Elementarbereich niedersächsischer Tageseinrichtungen für Kinder, 2004

Nordrhein-Westfalen: Bildungsvereinbarung NRW, Ministerium für Jugend, Schule und Kinder; darin Anlage: Handreichung zur Entwicklung träger- und einrichtungsspezifischer Bildungskonzepte, 2003

Rheinland-Pfalz: Bildungs- und Erziehungsempfehlungen für Kindertagesstätten in Rheinland-Pfalz, 2004

Saarland: Handreichungen für die Praxis zum Bildungsprogramm, 2007

Sachsen: Der sächsische Bildungsplan – ein Leitfaden für pädagogische Fachkräfte in Krippen, Kindergärten und Horten sowie für Kindertagespflege, 2006

Sachsen-Anhalt: Bildungsprogramm für Kindertageseinrichtungen in Sachsen-Anhalt, 2004

Schleswig-Holstein: Leitlinien zum Bildungsauftrag von Kindertageseinrichtungen in Schleswig-Holstein, 2004

Thüringen: Leitlinien frühkindlicher Bildung, 2003